장수하늘소가 펼치는 과학의 세계

행성 사냥꾼

비키 오랜스키 위튼스타인·제프리 마시 지음 | 이충호 옮김

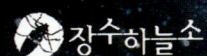
장수하늘소

지은이
비키 오랜스키 위튼스타인 아동 및 가정 전문 검사와 변호사로 일했다. 그러다가 1990년대부터 어린이를 위한 논픽션 작품(과학에 중점을 둔)을 쓰기 시작했고, 〈하이라이츠 포 칠드런〉, 〈오디세이〉, 〈페이시즈〉, 〈더 베스트 오브 더 칠드런즈 마켓〉에 글을 실었다. 버몬트 대학에서 어린이와 청소년을 위한 저술 분야 석사 학위를 받았다. 뉴욕 시 브루클린에서 남편과 두 자녀와 함께 살고 있다. 『행성 사냥꾼』은 위튼스타인이 쓴 첫 책이다.

제프리 마시 인류 역사에서 어느 누구보다도 많은 행성을 발견했다. 마시는 어린 시절부터 매일 밤마다 하늘을 쳐다보았다. 그리고 저 먼 별들 주위에는 무엇이 궤도를 돌고 있을까 하고 궁금해 했다. '혹시 그중에 생명이 살고 있는 행성은 없을까?' 하고 말이다.
마시는 커서 천문학자가 되었고 외계 행성을 찾는 일에 도전하고 나섰다. 많은 과학자들이 설사 그런 행성이 있다 하더라도, 그것을 찾는 것은 불가능하다고 생각하던 시절이었다. 그렇지만 마시는 폴 버틀러와 손을 잡고 새로운 역사를 썼다. 1995년부터 두 사람은 지금까지 발견된 400개 이상의 '외계 행성' 가운데 거의 절반을 발견했다.
이 책은 마시와 여러 천문학자들이 외계 행성을 어떻게 발견하는지 그 이야기를 자세히게 들려준다. 풍부한 상상력으로 그린 환상적인 그림들은 외계의 모습을 생생하게 보여 준다. 지금까지 발견된 외계 행성들은 대부분 목성이나 토성과 비슷한 거대 행성들이었다. 하지만 이제 행성 사냥꾼들은 지구처럼 더 작은 행성을 찾으려는 노력에 박차를 가하고 있다. 그런 행성에는 혹시 생명이 살고 있을지도 모르니까.

옮긴이
이충호 서울대학교 사범대학 화학과를 졸업하고, 교양 과학과 인문학 분야의 번역가로 활동하고 있다. 2001년 《신은 왜 우리 곁을 떠나지 않았는가》로 제20회 한국과학기술도서(대한출판문화협회) 번역상을 수상했다. 옮긴 책으로는 『진화심리학』, 『루시, 최초의 인류』, 『59초』, 『이야기 파라독스』, 『사라진 스푼』, 『도도의 노래』, 『건축을 위한 철학』, 『우주를 느끼는 시간』, 『별의 일생』 등이 있다.

행성 사냥꾼

2014년 3월 15일 초판 1쇄 펴냄

글_비키 오랜스키 위튼스타인
옮긴이_이충호
펴낸이_길도형
편집_김민애
영업_길종형
디자인_인디나인
인쇄_천일문화
제본_신안제책
펴낸곳_장수하늘소
출판등록 제406-2007-000061호
주소_경기도 파주시 문발동 617-12 1층
전화_031-957-1342
팩스_031-957-1343
E-mail jhanulso@hanmail.net
ISBN 978-89-94627-43-4 74440
ISBN 978-89-94627-34-2 (세트)

Planet Hunter
Text copyright © Vickio. Wittenstein
Photographed by © Vickio. Wittenstein
All rights reserved.

This edition was published in 2013 by JANGSOOHANULSO by arrangement with Boyds Mills Press, Inc., and Highlights International, Inc.

Korean translation copyright © 2013 JANGSOOHANULSO
The Korean edition is published by arrangement with Boyds Mills Press, Inc., and Highlights International, Inc. through Yu Ri Jang Literary Agency, Seoul.

이 책의 한국어판 저작권은 유리장 에이전시를 통해 저작권자와 독점 계약한 장수하늘소에 있습니다.
신 저작권법에 의해 한국 내에서 보호를 받는 저작물이므로 무단 전재와 무단 복제를 금합니다.
책값은 뒤표지에 있습니다. 잘못된 책은 구입한 서점에서 바꾸어 드립니다.

「이 도서의 국립중앙도서관 출판시도서목록(CIP)은 e-CIP 홈페이지(http://www.nl.go.kr/ecip)와 국가자료공동목록시스템(http://www.nl.go.kr/kolisnet)에서 이용하실 수 있습니다. (CIP제어번호: CIP2013024916)」

차례

제1장
지구와 비슷한 행성 찾기   4

제2장
지붕 위의 망원경과 꿈   12

제3장
행성을 찾는 방법   18

제4장
최초의 외계 행성을 발견하다   28

제5장
차세대 행성 탐사   38

용어 설명   45

찾아보기   47

마우나케아 정상에 있는 켁 천문대에서의 해 질 녘 모습.

제1장

지구와 비슷한 행성 찾기

하와이 섬의 켁 천문대

하와이 제도의 빅 아일랜드(흔히 하와이 섬이라 부름)에는 휴화산인 마우나케아 산이 우뚝 서 있다. 해 질 무렵이 되면, 마우나케아 산 정상에 있는 거대한 돔들이 석양빛을 받아 황금색으로 물든다. 돔들은 흰색 건물 양 끝에 자리 잡고 있다. 머리 위 하늘은 주황색과 분홍색과 자홍색으로 변해 간다. 시선을 아래로 돌리면, 지평선까지 굽이치며 뻗어 있는 구름의 파도가 마치 바다처럼 보인다.

해변의 날씨는 덥고 습하다. 하지만 해발 4,200미터에 이르는 이곳은 여름에도 기온이 금세 영하 7도까지 내려간다. 주변 언덕에는 나무나 식물이 전혀 자라지 않는다. 산꼭대기는 커피색 용암과 회색 화산재로 뒤덮여 있는데, 그 위로 걸어가면 발 밑에서 뽀드득 소리가 난다. 가끔 윙윙거리는 바람 소리 말고는 온 사방이 쥐 죽은 듯 고요하다.

마우나케아 산 정상 부근에는 작은 언덕들(오른쪽 뒤)이 여기저기 솟아 있다. 이 언덕들을 하와이 어로 '푸우'라고 부른다. 하와이 전설에 나오는 여신의 이름이 붙어 있는 일부 언덕은 문화적으로도 중요한 기념물이다.

하늘이 어두워지기 시작하면, 돔 내부의 테라스나 보행 통로를 걷는 사람들에게 주의하라는 신호로 버저가 요란하게 울린다. 윙윙거리는 모터 소리와 함께 돔의 위쪽 셔터와 아래쪽 셔터가 열린다. 강철 바퀴가 트랙 위로 굴러가는 소리가 마치 기차 달리는 소리처럼 울리면서 돔이 서서히 회전한다. 켁 천문대의 쌍둥이 망원경 중 하나가 별들을 향한다. 야간 관측이 시작된 것이다.

켁 천문대 본부는 해발 600미터쯤 되는 산기슭에 자리 잡고 있다. 천문학자들은 이곳에서 본부와 천문대 사이에 설치된 실시간 비디오 연결 장치를 사용해 망원경을 원하는 대로 움직일 수 있다. 오늘 밤 본부에서 일하는 사람은 행성 탐사 전문가인 제프리 마시(Geoffrey W. Marcy)이다. 관측 조수인 제이슨 매킬로이(Jason McIlroy)는 산 정상의 망원경 옆에서 일한다.

안개가 자욱하게 끼어 본부에서는 하늘이 제대로 보이지 않지만, 마시는 전혀 걱정하지 않았다. 그는 산 정상의 기상 조건이 자세히 표시된 컴퓨터 화면을 응시했다. 그리고 마이크로폰으로 "와우, 관측 조건이 아주 좋군, 매킬로이." 하고 말했다.

별들이 반짝이는 밤하늘을 향해 열린 돔을 통해 켁 I 망원경이 하늘을 향하고 있다. 켁 I과 켁 II 망원경은 세계에서 가장 큰 쌍둥이 광학 망원경이다. 마시는 켁 I 망원경을 사용한다.

마시 같은 천문학자들은 이제 더 이상 망원경을 직접 들여다보지 않는다. 그 대신에 디지털 카메라와 유사한 장비가 망원경에 들어온 형상을 기록한다. 이 형상이 컴퓨터로 전달되면, 마시가 그것을 분석하는 것이다.

제이슨 매킬로이는 정상에서 망원경을 조작한다. 매킬로이와 마시는 일을 하면서 비디오를 통해 서로를 볼 수 있다. 매킬로이의 책상 위에 있는 화면에 마시가 보인다.

행성 사냥꾼 : 폴 버틀러

폴 버틀러는 오래전부터 제프리 마시와 함께 외계 행성을 찾아 왔다. 두 사람은 지금까지 알려진 외계 행성 중 거의 절반을 발견했다.

"행성 사냥에서 내가 무엇보다 좋아하는 부분은 바로 시스템을 개선하는 것입니다. 또 별을 바라보는 것도 좋아하는데, 수많은 별 주위에 내가 발견한 행성이 돌고 있다는 사실을 생각하면 무척 기분이 좋아요. 특히 내가 발견했다고 보고한 행성 중에서 틀린 것으로 드러난 게 하나도 없다는 사실이 자랑스럽습니다."

버틀러는 별의 움직임을 측정한 결과를 요오드('아이오딘'이라고도 함) 기체를 사용해 더 선명하게 볼 수 있는 방법을 개발했는데, 이것은 행성을 발견하는 작업에 큰 도움을 주었다. 그는 또 흔들리는 별들을 측정한 데이터를 분석하고 그 움직임을 정확하게 집어내는 소프트웨어를 개발하는 데에도 도움을 주었다. 지금은 전 세계의 행성 탐사 팀이 이 방법을 사용한다. 2007년 후반에 버틀러는 켁 천문대와 릭 천문대의 분광기 설계자이자 제작자인 스티븐 보트(Steven Vogt)와 함께 행성 탐사 팀을 따로 만들었다.

버틀러는 "유리와 강철과 실리콘 칩으로, 그러니까 사실상 암석과 모래로 수십 광년 너머의 별 주위를 도는 행성을 발견하는 시스템을 만들었다는 사실에 자부심을 느껴요." 하고 말한다.

오후 7시가 거의 다 됐다. 마시가 망원경을 사용할 수 있는 시간이 된 것이다. 이제부터 행성을 찾느라 애쓰면서 긴 밤을 보내야 할 것이다. 마시의 근무 시간은 새벽 5시 30분에 끝난다. 앞으로 사흘 동안 낮에는 잠을 자고, 오후 늦은 시간에 테니스를 친 뒤에 저녁을 간단히 먹고 나서 오후 7시 정각에 망원경 제어실로 가는 생활을 반복할 것이다. 마시는 제발 좋은 날씨가 계속되길 간절히 바랐다. 망원경 사용 비용은 비싸고, 장비는 아주 민감하기 때문이다. 게다가 날씨가 안 좋은 밤에는 아예 돔을 열지 않으므로 망원경을 사용할 수 없다.

태양계 밖에도 지능을 갖춘 생명체가 있을까?

오늘 밤 마시는 다소 들떠 있었다. 태양과 비슷한 별 주위에서 외계 행성을 또 하나 발견할 수도 있기 때문이다. 그 행성은 지구와 비슷할지 모른다. 즉, 생명체가 살기에 적합한 조건을 갖춘 행성일 수도 있는 것이다.

1995년부터 마시와 폴 버틀러(Paul Butler)는 공동 작업자들과 함께 태양계 밖에서 발견된 외계 행성 400개 중 180개를 직접 발견하거나 발견 과정을 도왔다. 같은 팀의 핵심 멤버인 데브라 피셔(Debra Fischer)는 데이터를 수집하고 분석하는 일을 돕는다. 이 팀이 더 정확한 탐사 기술을 개발할수록 마시는 생명이 살고 있을지 모를, 지구와 비슷한 행성을 찾겠다는 꿈에 더 가까이 다가갈 수 있다. 2006년 마시 팀은 그때까지 발견된 것 중 가장 작은 행성을 발견했다고 발표했다. '글리제 876'이라는 별 주위를 도는 이 행성은 질량이 지구의 여섯 배 정도이다. 그러면 상당히 큰 행성이 아니냐고 생각할지 모르겠지만, 그때까지 발견된 외계 행성은 그보다 훨씬 큰 것들뿐이었다. 그것들은 대부분 질량이 지구의 300배나 될 정도로 커, 목성이나 토성과 같은 종류의 행성에 속했다.

최근에도 흥분할 만한 발견들이 일어났다. 2007년에는 행성의 밀도를 추측하는 방법을 사용해 처음으로 외계 행성의 구성 성분을 알아냈다. '글리제 436'이라는 별 주위를 도는 이 행성은 지구처럼 암석과 물로 이루어져 있다. 같은 해에 마시 팀은 '게자리 55'번 별 주위를 도는 다섯 번째 행성을 발견했다고 발표했는데, 태양계 밖에서 행성이 다섯 개나 딸린 별이 발견된 것은 처음이었다. 2010년 현재 태양계에 가장 가까운 구조를 가진 행성계는 바로 이 행성계이다. 지금도 마시 팀과 그 밖의 천문학자들은 새로운 행성계를 계속 발견하고 있다.

"지구와 같은 행성이 존재할 확률은 1,000분의 1일까요, 100만 분의 1일까요?" 마시가 질문을 던졌다. 그는 망원경 저어실 벽 쪽에 죽 늘어서 있는 열네 대의 컴퓨터 중 하나를 만졌다. "이 거대한 우주에는 생명이 살기에 적합한 조건을 갖춘 행성들이 분명히 있을 거예요. 하지만 우리 은하에는 그런 행성이 몇 개나 있을까요? 열 개? 십억 개? 아니면 우리가 사는 지구 단 하나뿐일까요? 그리고 만약 지구와 같은 행성이 있다면, 그곳에 지능을 갖춘 생명체가 살 확률은 얼마나 될까요?"

우주에서 별과 행성은 계속 생겨난다. 마시는 우리 은하에 있는 약 2,000억 개의 별 중 약 10퍼센트인 200억 개의 별에 행성이 딸려 있을 것이라고 추정한다. 그중 4분의 1인 50억 개의 별 주위에 지구와 같은 암석질 행성, 즉 생명이 살 수 있는 행성이 딸려 있을 것이다. 그렇다면 우리 은하에는 지구와 비슷한 행성이 수십 억 개나 있다는 이야기가 된다. 지구와 비슷한 행성에서 지능을 갖춘 생명체가 진화할 확률을 아주 낮게 잡아 100만 개 중 한 개라고 가정해 보자. 그럴 경우, 우리 은하에 존재하는 발달된 문명의 수는 수천 개나 된다.

마시는 바로 이런 생각 때문에 1985년부터 외계 행성 탐사 작업에 나섰다. 그 당시 다른 과학자들도 태양계 밖에 행성들이 있을 것이라고 생각은 했지만, 그때까지 외계 행성은 발견된 적이 전혀 없었다. 마시는 증거를 원했다.

그래서 버틀러의 도움을 받아 '도플러 분광법'이라는 탐사 방법을 개선했다. 그리고 10년 동안 함께 노력한 끝에 마침내 최초의 외계 행성을 발견했다.

발견에 이르기까지

1999년 이전까지만 해도 켁 천문대에는 산 정상의 망원경과 아래쪽의 본부를 연결하는 비디오 연결 장치가 없었다. 마시와 버틀러는 망원경을 사용하려면 일 년에 여러 차례 차를 몰고 마우나케아 산 정상까지 올라가야 했다. 그것은 결코 쉬운 일이 아니었다. 길은 대부분 비포장도로이고 가드레일조차 없기 때문이다. 게다가 곳곳이 얼음

행성 사냥꾼 : 데브라 피셔

데브라 피셔는 관측 데이터 분석을 통해 안드로메다자리 입실론 별 주위에서 목성만 한 행성 세 개를 발견했다. 게자리 55번 별 주위를 도는 다섯 번째 행성인 게자리 55 f를 발견하는 데에도 피셔의 분석이 중요한 도움을 주었다. 그 후 피셔는 동료인 제프 발렌티(Jeff Valenti)와 함께 1,000개 이상의 별을 분석했다. 그들은 행성이 어떻게 생겨나는지에 대해 더 많은 걸 알아내길 바란다.

안드로메다자리 입실론 행성계에는 놀라운 것들이 숨어 있었다. 첫 번째 행성은 별에 바싹 붙어 있어서 궤도를 한 바퀴 도는 데 나흘밖에 걸리지 않는다. 두 번째 행성과 세 번째 행성과 별 사이의 거리는 각각 태양에서 금성과 화성까지의 거리와 비슷하다. 피셔는 "나는 행성이 만들어지는 과정은 과학자들이 지금까지 생각해 온 것보다 훨씬 쉽다는 사실을 직감적으로 깨달았어요. 그렇지 않다면 어떻게 목성만 한 크기의 행성 세 개가 안드로메다자리 입실론 행성계 안쪽의 좁은 영역에 모여 있을 수 있겠어요?"라고 말한다.

피셔는 켄타우루스자리 A와 B 주위에서 지구와 비슷한 행성을 찾으려 노력하고 있다. 켄타우루스자리 A와 B는 쌍성계를 이루고 있으며, 지구에서 가장 가까운 별들이다. 피셔는 "현재로서는 무척 어려운 일이지만, 다른 별로 여행하길 원한다면 이곳이 바로 가장 유력한 목적지이지요."라고 말한다.

고대 천문학자들은 하늘을 관측한 결과를 쐐기 문자 등의 문자로 돌이나 점토 판에 기록했다. 예언자들은 천문 관측을 바탕으로 앞날에 생길 일의 징조와 날씨도 기록했다. 위의 점토 판 앞면과 뒷면은 기원전 550년 무렵에 예언자들이 기록한 것으로 보이는데, 어떤 날 밤에 볼 수 있는 별의 종류를 알려 주며, 또 그 별이 나타나는 것은 무슨 징조인지 이야기하고 있다.

많은 이름을 가진 별과 행성

많은 별의 이름은 옛날 언어에서 유래했는데, 특히 아랍 어에서 유래한 게 많다. 현대 천문학자들은 17세기에 만들어진 명명법을 사용해서 별에 이름을 붙인다. 이 명명법은 별자리 이름 다음에 그리스 문자를 붙여서 표시한다. 문자의 순서는 별의 밝기를 기준으로 한다. 예를 들면, 베가(처음에는 Wega였다가 Vega로 바뀌었는데, '추락' 또는 '착륙'이란 뜻의 아랍 어 '와키'에서 유래함)라는 밝은 별은 거문고자리 알파이다. '알파'는 그리스 어 알파벳에서 맨 앞에 나오는 문자이다. 그리스 문자만으로 모든 별의 이름을 붙이기에 부족하자, 천문학자들은 또 다른 방법을 생각해 냈다. 새로 발견된 별에는 그것을 발견하거나 성도에 그 위치를 정확하게 표시한 사람의 이름을 붙일 수 있다. 그 밖에도 다른 명명법이 있는데, 예를 들어 베가는 3Lyr, HR7001, HD172167이라는 이름도 있다.

외계 행성의 경우, 그 주위를 도는 별의 이름 뒤에 영어 알파벳 소문자를 붙여 나타낸다. 알파벳은 발견된 행성 순서에 따라 붙인다. 예를 들면, 게자리 55번 별 주위를 도는 행성 중 최초로 발견된 것은 게자리 55 b(55 Cancri b)이고, 두 번째와 세 번째로 발견된 것은 게자리 55 c(55 Cancri c)와 게자리 55 d(55 Cancri d)이며, 최근에 발견된 다섯 번째 행성은 게자리 55 f(55 Cancri f)이다. 행성 이름에 a는 사용하지 않는다.

기원전 129년 그리스 천문학자 히파르코스(Hipparchos)는 성도를 만들었다. 그 후 이 성도는 사라져 전해지지 않았는데, 2005년 루이지애나 주립 대학의 브래들리 섀퍼(Bradley E. Schaefer) 교수가 '파르네세 아틀라스'라는 로마 시대의 조각상에 그것이 새겨져 있는 것을 발견했다(위 사진). 아틀라스가 메고 있는 구 위에 서양 하늘에서 볼 수 있는 별자리들의 성도가 새겨져 있는데, 이것은 히파르코스의 성도를 베낀 것으로 밝혀졌다.

과 눈으로 덮여 있다. 정상 근처에서는 S자 모양의 가파른 커브 길이 계속 이어지는데, 까딱 잘못했다간 산비탈로 굴러 떨어지기 십상이다. 밤중에 산을 내려갈 때에는 더욱 힘들다. 해발 330미터 위에서는 전조등을 켜지 못하게 돼 있는데, 약간의 불빛도 망원경의 관측을 방해하기 때문이다. 정상에서 오랫동안 일하는 것도 무척 힘든 일이다. 공기가 희박하여 많은 사람들이 구역질과 어지럼증으로 고생한다. 그래서 어떤 사람들은 산소 탱크와 마스크를 사용한다.

하지만 이제 마시가 산 정상으로 올라가는 일은 아주 드물다. 사실 하와이까지 갈 필요도 없다. 얼마 전 켁 천문대와 캘리포니아 대학 버클리 캠퍼스가 원격 비디오로 연결되어, 이제 집 가까이에서도 켁 천문대의 망원경으로 관측한 결과를 볼 수 있기 때문이다. 마시는 낮은 고도에 위치한 와이메아의 본부 제어실에서 처음으로 망원경을 보던 때를 떠올리며 "마침내 우리는 공기가 있는 곳에서 관측할 수 있게 되었지요!" 하고 농담을 했다.

마시는 마우나케아 산 정상에 대해 이야기할 때 목소리가 부드러워졌다. "마우나케아 산은 천문학자들에게 아주 소중해요." 하와이 전통문화에서는 하늘에 가깝다는 이유로 마우나케아 산의 여신인 폴리아후를 숭배하지만, 천문학자들은 우주를 바라보는 통로이기 때문에 마우나케아 산을 소중하게 여긴다. 세계에서 가장 성능이 좋은 광학 망원경인 켁 I 망원경 덕분에 이 외딴 곳이 지구에서 행성을 탐사하기에 가장 좋은 장소가 되었다.

마시가 직접 망원경을 사용할 때에는 외계 행성을 발견하지 못한다. 나중에 팀과 함께 어떤 별의 움직임을 성도 위에 일일이 기록하고, 수년 동안의 관측에서 수집한 데이터를 분석하면서 발견이 이루어지는 것이다.

"나는 과학자이기 때문에, 100퍼센트 확신이 있을 때에만 새로운 행성을 발견했다는 사실을 발표하고 싶어요. 물론 동료들은 '목성 같은 큰 행성이 저기에 있다고 어떻게 절대로 확신할 수 있느냐?'고 물을 수 있어요. 목성은 태양 주위를 한 바퀴 도는 데 12년이 걸립니다. 따라서 목성 비슷한 행성이 같은 궤도를 반복한다는 것을 증명하려면, 행성의 움직임을 기록하는 데 최소한 12년, 어쩌면 그보다 더 오랜 시간이 필요하다는 이야기가 되지요."

행성을 발견하려면 이렇게 많은 시간과 노력이 필요하지만, 마시는 그런 노력을 멈추지 않는다. "결국 큰 열정이 있어야 하고 행성을 정말로 좋아해야 해요. 이 일은 세상을 위해서 훌륭한 일일 뿐만 아니라, 자신의 꿈을 실현하는 일이기도 해야 해요."

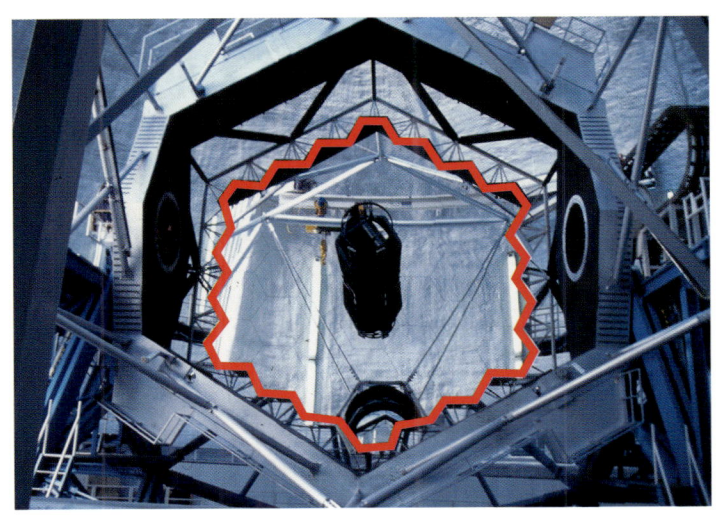

각각의 켁 망원경은 무게가 약 300톤이나 나가며, 8층짜리 건물만큼 높다. 주거울은 반짝이는 알루미늄을 얇게 입힌 육각형 유리 서른 여섯 개로 이루어져 있다. 서른 여섯 개의 육각형 거울이 합쳐져 너비 10.8미터의 큰 반사경을 이룬다. 위 사진에서는 거대한 반사경의 윤곽을 빨간색으로 표시했다.

우리 은하 어딘가에 지구와 비슷한 암석질 행성이 태양 같은 별 주위를 돌고 있을지 모른다. 어쩌면 그 행성에 생명이 살고 있을 수도 있다.

제프리 마시는 어렸을 때 이런 모습의 행성을 꿈꿨다.

제2장

지붕 위의 망원경과 꿈

캘리포니아 주 로스앤젤레스

마시가 열네 살 때 부모님은 작은 중고 망원경을 사 주었다. 마시는 아무에게도 방해받지 않는 관측 장소를 찾았다. 자기 방의 방충망을 떼어 내고, 뒤쪽 테라스 위에 있는 평평한 지붕으로 올라갔다. 그리고 그곳에 망원경을 설치하고 초점을 맞추었다. 그러자 경이로운 우주가 눈앞에 펼쳐졌다. 마시는 거의 매일 밤마다 지붕 위로 올라갔다. 마시는 그때를 회상하며 이렇게 말했다. "토성과 그 고리를 볼 수 있었지요! 나는 직접 보지 않고도 토성 주위의 궤도를 도는 타이탄이 어디쯤 있을지 예측할 수 있었어요." 이렇게 해서 마시는 우주에 홀딱 빠졌다.

다섯 살 때의 제프리 마시.

마시의 부모인 로버트 마시와 글로리아 마시(1984년).

때는 우주 시대가 한창 진행되던 1969년이었다. 미국과 소련은 우주 계획을 추진하느라 치열하게 경쟁했다. 마시 가족은 캘리포니아 주 로스앤젤레스 교외에 위치한 샌퍼낸도 계곡에서 살았다. 마시는 그 시절을 떠올리며 이렇게 말했다. "제미니 우주선과 아폴로 우주선 발사 장면을 보기 위해 부모님이 아침 일찍 나를 깨우던 게 기억나요. 닐 암스트롱이 사다리에서 뛰어내려 달 표면을 밟는 장면을 텔레비전에서 보았지요! 인간이 우주여행을 한다는 사실은 직접 두 눈으로 보면서도 정말 믿기 힘들었어요."

아버지 로버트 마시는 제트 엔진을 설계하는 기계 공학자였다. 아버지는 종종 자신이 만드는 제트기와 비행기 사진을 가져왔다. "초음속으로 나는 제트기는 정말 멋있었지요." 마시는 그때를 떠올리며 말했다. 1970년대에 마시는 우주 왕복선이 나는 것을 보고 특히 크게 흥분했는데, 아버지가 그 보조 동력 시스템을 만드는 일을 도왔기 때문이다. "아버지가 내게 미친 가장 큰 영향은 수학의 가치와 과학 연구에서 신중함과 조심성의 가치를 강조한 것이라 할 수 있어요."

어머니 글로리아 마시는 대학에서 인류학을 공부한 뒤에 초등학교 선생님으로 일했다. 어머니는 마시에게 동아프리카 사바나에서 살았던 초기 인류인 오스트랄로피테신 이야기를 해 주었다. 이 인류가 무서운 검치호랑이와 싸우면서 어떻게 살아남았는지도 설명했다. "200만 년 전 그 곳에서 살아가는 삶이 어떤 것이었을지 상상해 보려고 노력하던 기억이 지금도 생생하네요."

고등학교 시절에 마시는 첼로를 연주했다. 학교를 대표하는 테니스 선수로 뽑히기 위해 경쟁했고, 육상부 선수로도 활약했다. 종종 친구들을 지붕 위로 초대해 태양계 행성들과 위성들을 보여 주었다. 하지만 학교 공부는 무척 힘들어 했다. "수학에서는 우등상을 받았지만, 일 년이 지난 뒤 공부가 너무 힘들어 학교를 그만두었지요. 한번은 시험을 치다가 머릿속이 완전히 캄캄해져서 선생님에게 문제를 하나도 풀 수 없다고 말했어요."

캘리포니아 대학 버클리 캠퍼스(UC 버클리)를 다닐 때에도 첼로 연주를 계속하고, 하프시코드를 배우고, 교내 대표 운동선수로 활약했다. 하지만 대부분의 시간은 도서관에서 공부하느라 보냈다. 물리학과 천문학 중에서 어느 것을 전공해야 할지 결정을 내릴 수 없어서 결국 두 가지 모두 전공했다. "나는 그때 천문학은 우주의 모든 것과 모든 시대를 연구하는 분야라고 생각했어요. 그러니까 오스트랄로피테신과 내가 좋아하는 바로크 음악 작곡가들, 하늘에서 반짝이는 빛들을 모두 포함해서요. 그리고 물리학

스물한 살 때의 마시.

마시는 캘리포니아 주 패서디나에 있는 카네기 과학 연구소에서 일할 때, 윌슨 산 천문대에서 첼로를 연주했다. "돔의 음향 효과가 정말 끝내줬지요."

마시와 아내 수전(집에서).

켁 천문대의 방문 과학자 구역 밖에서 테니스를 즐기는 마시.

은 경이로운 우리 뇌의 복잡한 회로까지 포함해 그 모든 것을 설명하지요."

천문학 시간에는 혜성의 궤도를 계산기도 없이 계산해야 했다. "우리 교수님은 우주가 얼마나 예측 가능한 세계인지 가르쳤어요. 하지만 1,000여 개나 되는 계산을 하려면 꼬박 일 주일이 걸리곤 했지요. 하나라도 실수를 하는 날이면, 처음부터 다시 계산을 해야 했어요."

또 다른 교수는 마시가 어떤 실험을 끝내려고 애쓸 때, "만약 우주가 그렇게 할 수 있다면, 자네도 할 수 있네."라고 충고했다.

1976년에 대학을 우등으로 졸업한 마시는 천문학자가 되기로 결정했다. 캘리포니아 대학 산타크루스 캠퍼스에서 공부를 하여 1982년에 천문학과 천체 물리학 박사 학위를 받았다. 하지만 마시는 자신감이 점점 사라지기 시작했다. 자신이 과연 과학자가 될 만큼 똑똑한지 의문이 들었기 때문이다.

마시는 캘리포니아 주 패서디나에 있는 카네기 과학 연구소에서 박사 과정을 마친 뒤 연구원으로 일했다. 그곳에 있는 동안 윌슨 산 천문대와 팔로마 산 천문대, 그리고 칠레의 라스 캄파나스 천문대에서 일했다. 하지만 마시는 갈수록 자신감을 잃었다. 천문대에서 더 뛰어난 천문학자들을 보고 기가 죽었기 때문이다.

"어느 날 샤워를 하면서 물이 머리 위로 쏟아지는데, 문득 이런 생각이 들었어요. '가만, 지금 이 고비를 반드시 넘겨야 해.' 그래서 내가 정말로 좋아하는 것, 나한테 중요한 의미가 있는 것을 연구해야겠다고 결심했어요." 마시는 자기 집 지붕에서 보낸 밤들과 망원경으로 행성들을 바라보면서 느꼈던 행복이 떠올랐다. '그 즐거움을 천문학자들이 아직 답을 얻지 못한 질문과 연결시킬 방법이 없을까? 어린 시절 우주에 지구와 같은 행성, 생명이 살고 있을지 모르는 행성이 또 없을까? 하고 궁금해 했던 게 생각났다.

그 길로 마시는 외계 행성 탐사에 나서기로 결정했다.

"하지만 먼저 천문학자가 외계 행성을 발견할 수 있는 방법을 생각해야 했어요." 마시는 곧장 연구에 착수했다. 그리고 불과 몇 주일 만에 기본적인 탐지 방법을 생각해 냈는데, 그것이 바로 오늘날 마시가 사용하는 방법이다.

1994년, 마시는 화학 물질 오염 전문가인 수전 케글리(Susan Kegley)와 결혼했다. 마시와 수전은 옥외 활동을 좋아하는데, 특히 하이킹과 캠핑을 좋아한다.

마시는 매일 테니스를 치는데, 천문대에서 행성을 찾는 일에 몰두할 때에도 거르는 법이 없다. 그는 UC 버클리의 테니스 팀을 열렬히 응원하고, 테니스 팀 선수들은 마시의 천문학 강의를 듣는다. 마시는 "나는 테니스를 아주 열광적으로 즐겨요."라고 말했다.

현재 마시는 UC 버클리와 샌프란시스코 주립 대학에서 천문학자로 일하고 있다. 가르치는 것도 좋아하지만, 행성을 찾는 일을 훨씬 더 좋아한다. 지구와 비슷한 행성을 찾을 가능성 때문에 오늘도 하늘을 살핀다. "행성을 발견하는 것은 아무도 알지 못했던 것을 발견하는 일입니다. 그것은 콜럼버스가 아메리카를, 신세계를 발견하는 것보다 더 대단한 일이에요. 이 행성들은 각자 나름의 완전한 세계예요. 언젠가 우리가 그곳을 여행하는 날이 올지도 몰라요. 거기서 우리가 무엇을 발견할지 누가 알겠어요?"

외계 행성을 찾겠다는 마시의 꿈이 이루어졌다. 위 그림의 행성은 황소자리에 있는 'CoKu Tau 4'라는 별 주위에 생겨나고 있는 행성을 묘사한 것인데, 수십억 년 전의 토성과 비슷한 모습을 하고 있을지 모른다.

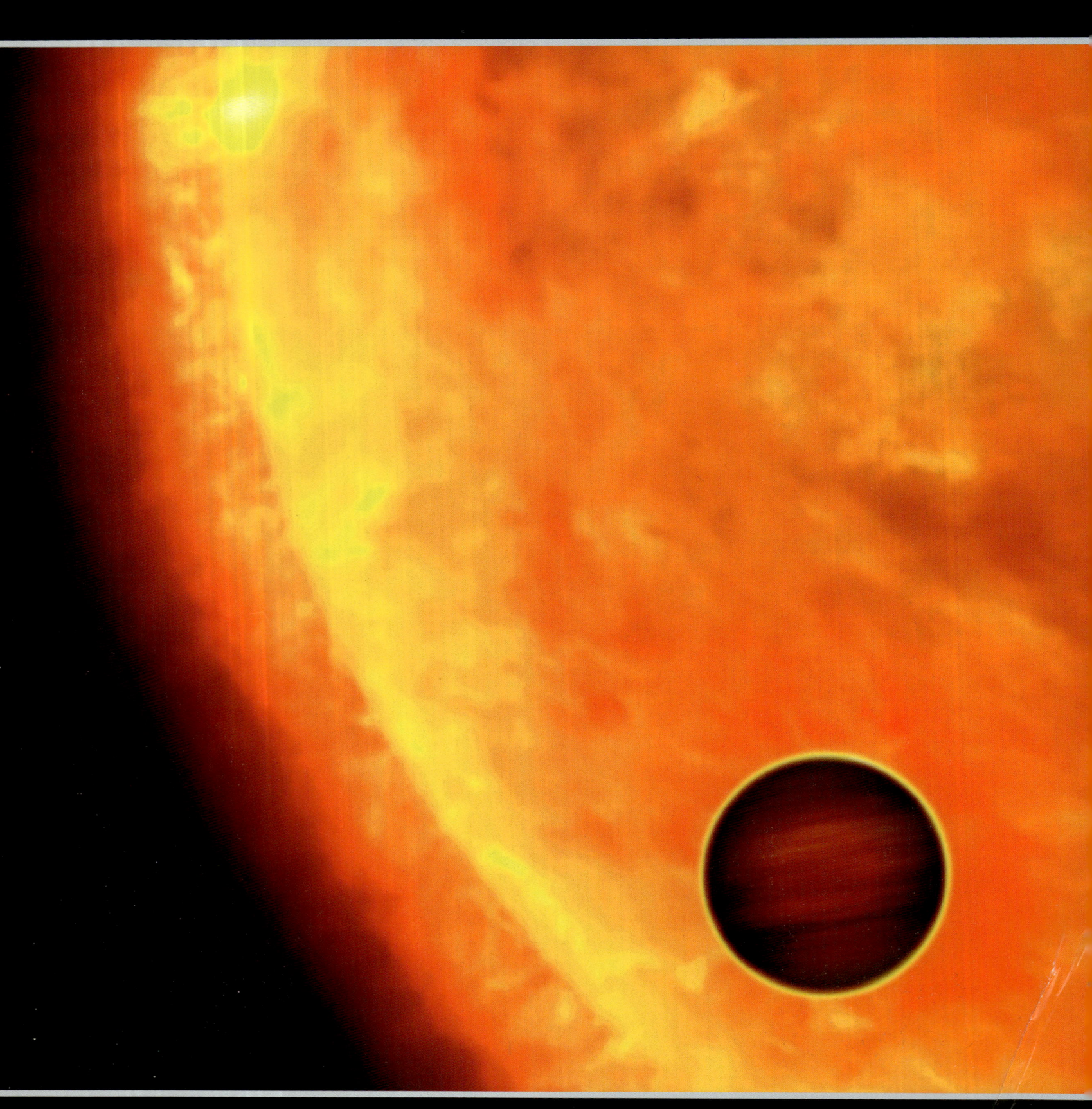

목성만 한 행성이 부모 별 앞을 지나가고 있는 장면을 상상해 묘사한 그림.
지금까지 발견된 행성은 대부분 목성만 하거나 그보다 더 큰 것이었다.

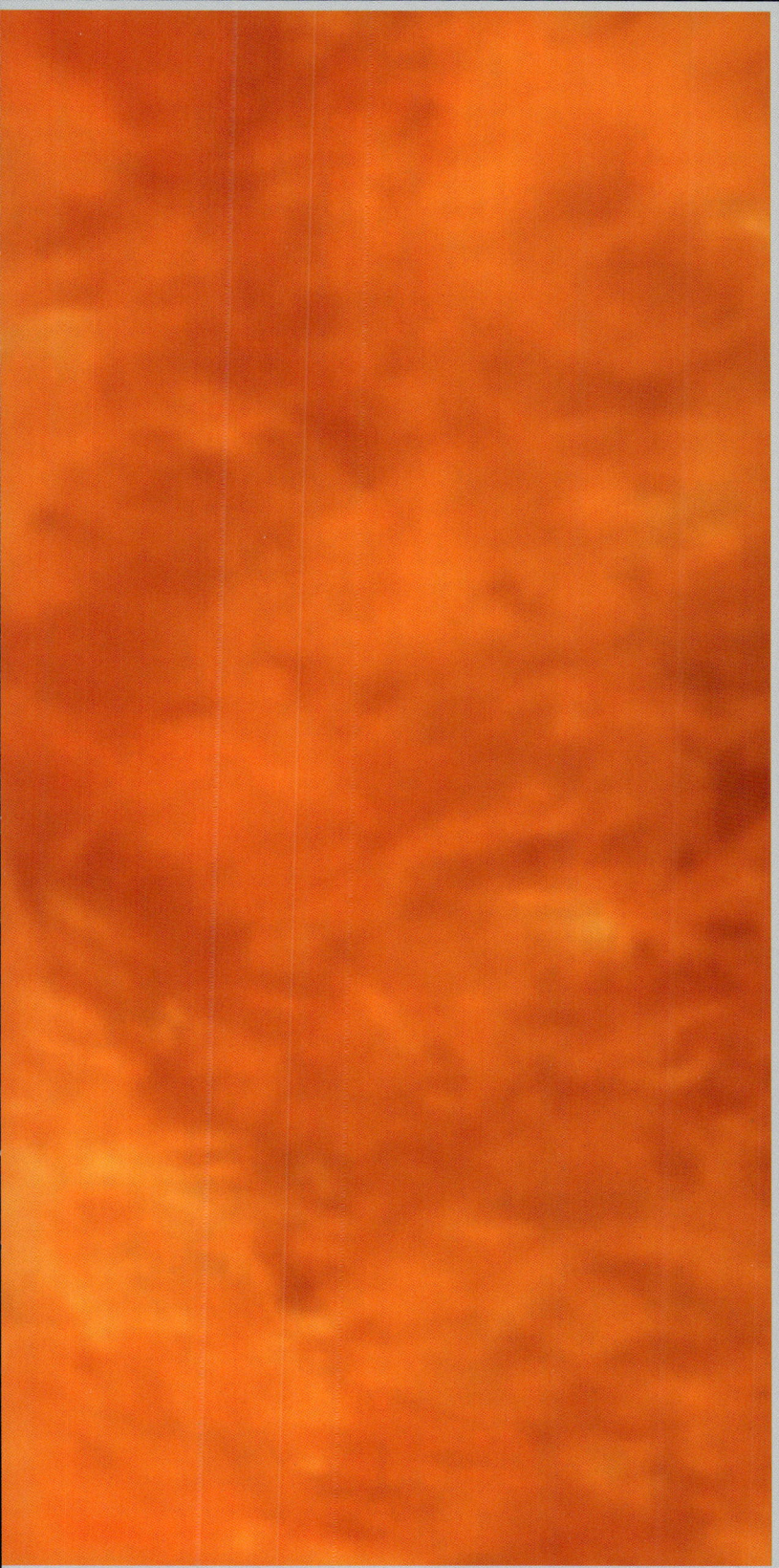

제3장

행성을 찾는 방법

하와이 섬의 켁 천문대

와이메아에 있는 켁 천문대 본부의 망원경 제어실에서 마시는 다양한 컴퓨터 화면을 확인했다. "시작할 준비가 얼추 되었네, 매킬로이." 마시는 마이크로폰으로 산 정상에 있는 매킬로이에게 알리고, 컴퓨터들 위에 있는 비디오 화면을 통해 매킬로이를 바라보았다.

그리고 "충분히 어두운지 하늘을 한번 촬영해 보게."라고 덧붙였다. 마시는 순수한 별빛만 망원경에 들어오길 바랐다.

"알았어요." 비디오 화면에서 매킬로이가 고개를 끄덕이며 대답했다.

마시는 네 대의 메인 컴퓨터 앞에 놓인 회전의자에 앉으며 말했다. "망원경은 누구나 가질 수 있어요. 하지만 분광기는 누구나 갖고 있지 않죠."

켁 I처럼 성능이 아주 좋은 망원경이라 하더라도, 그것만으로는 태양계 밖에 있는 행성을 발견할 수 없다. 지구에서 보면, 별빛이 그 주위를 도는 행성보다 너무 밝아 행성의 빛을 가리기 때문이다.

"등대 꼭대기에 있는 탐조등을 생각해 보세요. 만약 그 등대에 개똥벌레가 한 마리 앉아 있다고 하면, 탐조등 불빛에 가려 개똥벌레의 불빛이 보이겠어요?"라고 마시는 설명했다.

반짝반짝 작은 별

눈으로 볼 수 없는 행성을 마시는 어떻게 찾아냈을까? 마시는 도플러 분광기를 사용했다. 만약 행성이 별 주위를 돈다면, 행성이 끌어당기는 중력 때문에 별은 흔들릴 것이다. 그 때문에 행성의 위치에 따라 별은 지구 쪽으로 다가오거나 반대쪽으로 멀어지는 움직임을 보일 것이다.

"행성은 주인이 산책에 데리고 나선 개와 비슷해요. 개는 신이 나서 깡충깡충 뛰어다닐 텐데, 이때 목줄은 별과 행성 사이에 작용하는 중력에 해당해요. 별이 얼마나 많이 흔들리는지를 살펴보면 그 행성이 얼마나 큰지(질량이 얼마인지) 짐작할 수 있지요. 또 행성이 궤도를 도는 속도도 알 수 있어요. 행성의 속도가 빠를수록 별이 흔들리는 속도는 더 빠를 테니까요."

분광기는 별빛의 파장에 나타나는 변화를 기록함으로써 별의 흔들림을 알려 준다. 별에서 나오는 빛은 모든 빛과 마찬가지로 파동(광파)의 형태로 퍼져 간다. 별빛을 포함해 모든 백색광에는 모든 색깔의 빛이 섞여 있다. 무지개색(빨강, 주황, 노랑, 초록, 파랑, 남색, 보라)을 이루는 모든 색깔의 빛이 가시 스펙트럼을 이루는데, 이 색들이 항상 이 순서대로 나타나는 이유는 파장의 길이 때문이다.

가시광선 중에서 파장이 가장 긴 것은 빨간색 빛이다. 그리고 주황색, 노란색으로 갈수록 파장은 점점 짧아지며, 보라색 빛의 파장이 가장 짧다. 그래서 과학자들은 빛의 파장에 대해 이야기할 때, 스펙트럼의 '파란색 끝부분'이나 '빨간색 끝부분'이란 말을 자주 쓴다.

광파가 유리나 물 같은 투명한 물질을 지나갈 때에는 빛의 속도가 느려진다. 빛의 속도가 느려지면 빛이 구부러지는데, 이것을 '굴절'이라고 한다. 만약 프리즘을 통과할 때처럼 빛이 충분히 많이 구부러지면, 빛을 이루는 각 색깔 성분들이 서로 분리돼 나온다. 빨간색 빛이 가장 적게 구부러지고, 그 다음으로 주황색, 노란색 순으로 많이 구부러진다.

도플러 효과

도플러 효과라는 이름은 오스트리아 물리학자 크리스티안 도플러(Christian Doppler)의 이름에서 딴 것이다. 도플러는 별과 같은 광원이 관찰자에 대해 다가오거나 멀어질 때 광파에 어떤 변화가 일어난다는 사실을 알아냈다. 음파의 경우에도 이와 똑같은 현상이 일어난다. 예를 들어, 구급차가 지나갈 때 그 소리를 자세히 들어 보자. 구급차가 여러분을 향해 다가올 때에는 음파가 압축되기 때문에 더 높은 음의 소리로 들린다. 반대로 구급차가 멀어져 갈 때에는 음파가 길게 늘어나기 때문에 더 낮은 음의 소리로 들린다.

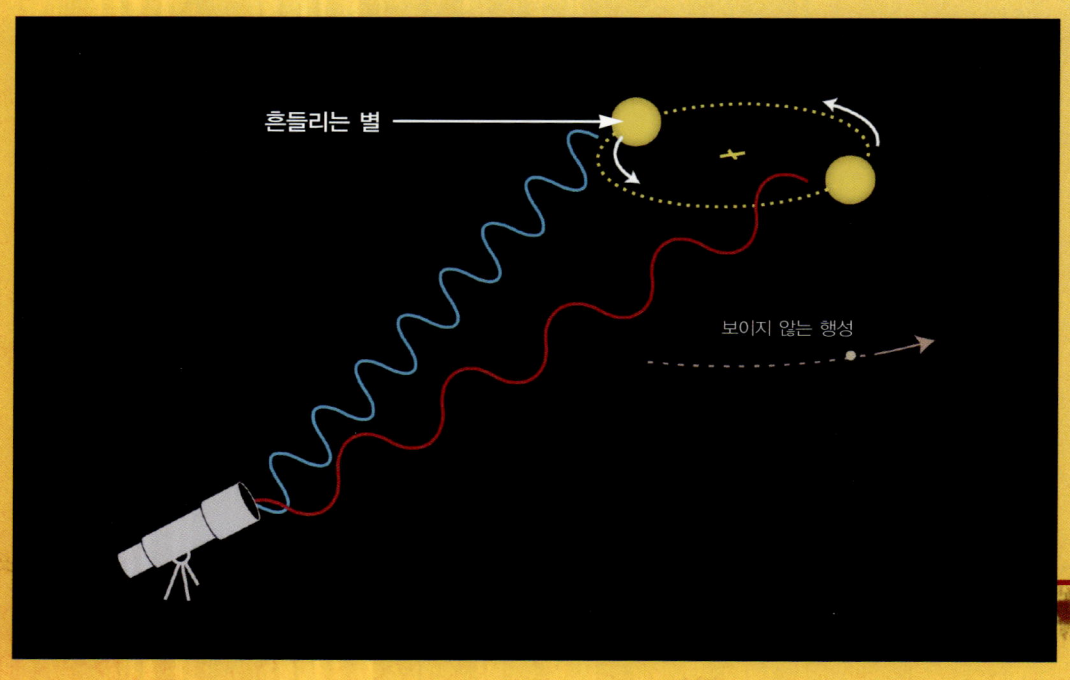

망원경에 도착한 별빛의 스펙트럼은 그 별이 지구를 향해 다가오느냐(파란색) 멀어지느냐(빨간색)에 따라 파란색이나 빨간색 쪽으로 이동한다. 파란색 광파는 압축이 일어나고, 빨간색 광파는 길게 늘어난다.

그리고 보라색 빛이 가장 많이 구부러진다. 광파가 구부러지면서 모든 색깔 성분이 분리돼 나오면, 무지개 색의 빛을 모두 다 볼 수 있는데, 이것이 바로 빛의 스펙트럼이다.

프리즘과 비슷한 장비인 분광기는 망원경으로 들어온 별빛을 모아 스펙트럼으로 분해한다. 별빛의 광파는 별이 지구를 향해 다가오느냐 멀어지느냐에 따라 각각 다른 변화가 일어난다. 만약 별이 지구를 향해 다가온다면, 광파가 압축되면서 스펙트럼의 파란색 끝부분 쪽으로 이동한다(이것을 '청색 이동'이라 함). 그래서 초록색 빛은 파란색 빛으로 나타나고, 주황색 빛은 노란색 빛으로 나타날 수 있다. 별이 멀어져 갈 때에는 광파가 길게 늘어나면서 스펙트럼의 빨간색 끝부분 쪽으로 이동한다(이것을 '적색 이동'이라 함). 그래서 주황색 빛은 빨간색 빛으로 나타나고, 파란색 빛은 초록색 빛으로 나타날 수 있다. 스펙트럼에서 나타나는 이러한 색의 변화를 '도플러 효과'라고 부른다. 시간이 지나면서 적색 이동과 청색 이동이 교대로 반복해서 일어난다면, 주위를 도는 행성이 별을 흔들리게 하기 때문이라고 볼 수 있다.

특별한 지문

하지만 스펙트럼에서 보는 초록색이 원래 초록색이 아니라, 노란색이 청색 이동을 일으킨 것이란 사실을 어떻게 알 수 있을까?

이럴 때 스펙트럼 지문이 단서를 제공한다.

기체는 종류에 따라 빛에 특별한 영향을 미친다. 백색광이 수소 같은 기체를 지나갈 때에는 특정 파장의 빛이 그 기체를 이루는 원자나 분자에 흡수되고, 나머지 파장의 빛들은 아무 탈 없이 기체를 통과한다. 그런 다음 이 빛이 프리즘이나 분광기를 지나가면, 스펙트럼에는 일련의 검은 선들이 나타난다. 이 선들을 '흡수선' 또는 '암선'이라 부르는데, 기체에 흡수된 파장의 빛들이 빠졌기 때문에 그 파장 부분이 검은 선으로 나타나는 것이다. 각각의 기체는 지문처럼 고유한 흡수선 패턴을 가진다. 따라서 스펙트럼에서 흡수선을 확인하면, 그 빛이 어떤 기체를 지나왔는지 알 수 있다.

만약 흡수선 패턴이 스펙트럼의 엉뚱한 장소(예컨대 파란색 끝 쪽이나 빨간색 끝 쪽으로 이동한 곳)에 나타난다면, 그 빛에 도플러 이동이 일어났다는 결론을 내릴 수 있다.

행성 탐지 방법을 처음 생각한 1983년에 마시는 이미 도플러 이동과 스펙트럼의 패턴에 대해 잘 알고 있었다. 박사 과정 시절, 분광기를 사용해 많은 연구를 했기 때문이다. 하지만 이 방법을 사용해 별의 흔들림을 측정하려는 시도는 결코 쉬운 일이 아니었다. 별빛에 일어나는 도플러 이동은 지극히 작아서 그것을 관측하기가 매우 힘들었다. 게다가 어떤 별빛의 스펙트럼을 얻더라도, 도플러 이동이 일어나지 않았을 때의 원래 스펙트럼이 어떤 것인지 모르기 때문에, 색에 나타난 아주 작은 변화를 알아챌 방법이 없었다.

1970년대에 브리티시 컬럼비아 대학의 고든 워커(Gordon Walker)와 브루스 캠벨(Bruce Campbell)은 분광기에 기체를 집어넣음으로써 별빛의 도플러 이동을 측정하는 방법을 생각해 냈다. 하지만 그들의 방법은 행성을 탐지할 만큼 정밀하진 못했다. 마시와 버틀러는 성공의 열쇠가 분광기를 통과하기 전에 별빛에 추가할 기체가 정확하게 무엇인지 찾아내는 데 달려 있다고 생각했다. 많은 실험 끝에 마시와 버틀러는 워커와 캠벨의 방법을 개선했고, 결국 버틀러가 비밀의 열쇠를 찾았다. 그것은 바로 '요오드 기체'였다.

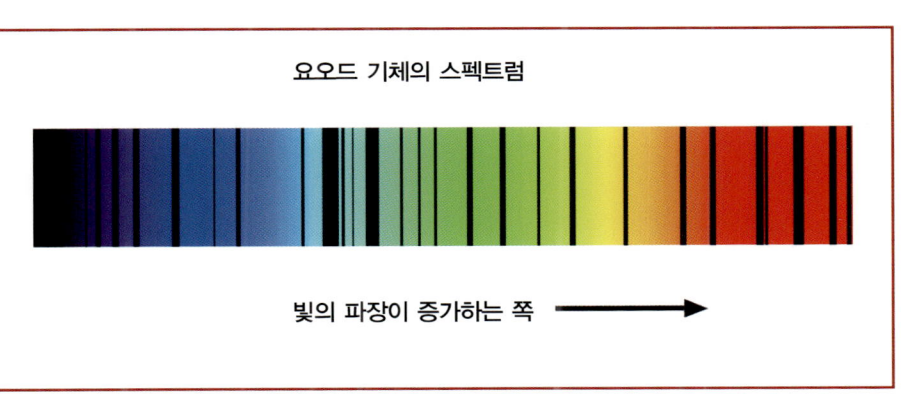

현미경으로 본 요오드의 스펙트럼은 여러 가지 색의 바코드처럼 보인다. 어두운 흡수선은 요오드 기체가 흡수한 특정 색(파장)들을 나타낸다. 요오드의 스펙트럼에는 지문처럼 늘 똑같은 흡수선 패턴이 나타난다. 과학자들은 이것을 자처럼 사용해 별빛의 적색 이동이나 청색 이동을 측정한다.

마시가 가장 중요한 컴퓨터 세 대 앞에 앉아 관측하기로 계획한 별들의 작업 계획서를 보면서 일하고 있다. 가운데 컴퓨터는 도플러 분광기의 광학 장비와 요오드 기체의 투입을 제어하고, 오른쪽 컴퓨터는 스펙트럼을 기록한다. 맨 왼쪽 컴퓨터는 스펙트럼의 형상을 촬영해 저장하는 카메라 비슷한 장비를 제어한다.

요오드 '자'

산 정상의 천문대에서는 요오드 기체가 든 유리 용기를 망원경에 들어오는 광선에 추가한다. 요오드는 폭발성이 있거나 위험한 기체가 아니라, 비교적 안정적이고 안전한 기체이다. 또한 요오드는 수천 군데 파장에서 빛을 흡수하여 고유한 스펙트럼 패턴을 나타낸다.

별빛이 망원경으로 들어와 요오드 기체를 통과한 뒤에 분광기를 지나면, 컴퓨터는 별빛과 요오드의 스펙트럼이 합쳐진 결과를 내놓는다. 마시는 이렇게 합쳐진 스펙트럼을 요오드의 고유한 스펙트럼과 비교한다. 요오드의 스펙트럼에 나타난 선들(그 파장이 알려진 것들)은 자에 표시된 눈금과 같다. 이 선들은 별빛의 다른 기체들이 나타내는 선들이 얼마나 제 위치에서 벗어났는지(즉, 적색 이동이나 청색 이동 쪽으로 얼마나 멀리 이동했는지) 알려 준다. "망원경의 요오드 기체는 정지 상태에 있기 때문에, 도플러 이동이 전혀 일어나지 않죠. 이것은 마치 자를 사용하는 것과 같은데, 여기서 자는 바로 우리가 이미 알고 있는 요오드의 스펙트럼이지요."

"저기 저것 보이죠?" 마시는 맨 오른쪽에 있는 컴퓨터를 가리켰다. "우리가 망원경으로 관측한 첫 번째 별이에요. 매킬로이는 지금 저 별에 초점을 맞추고 있어요." 마시는

분광기는 망원경 오른쪽의 문이 달린 방 안에 있다. 방의 크기는 가로 세로 약 6미터이며, 먼지와 습기를 막기 위해 밀폐돼 있다. 방의 온도는 늘 0°도로 유지된다.

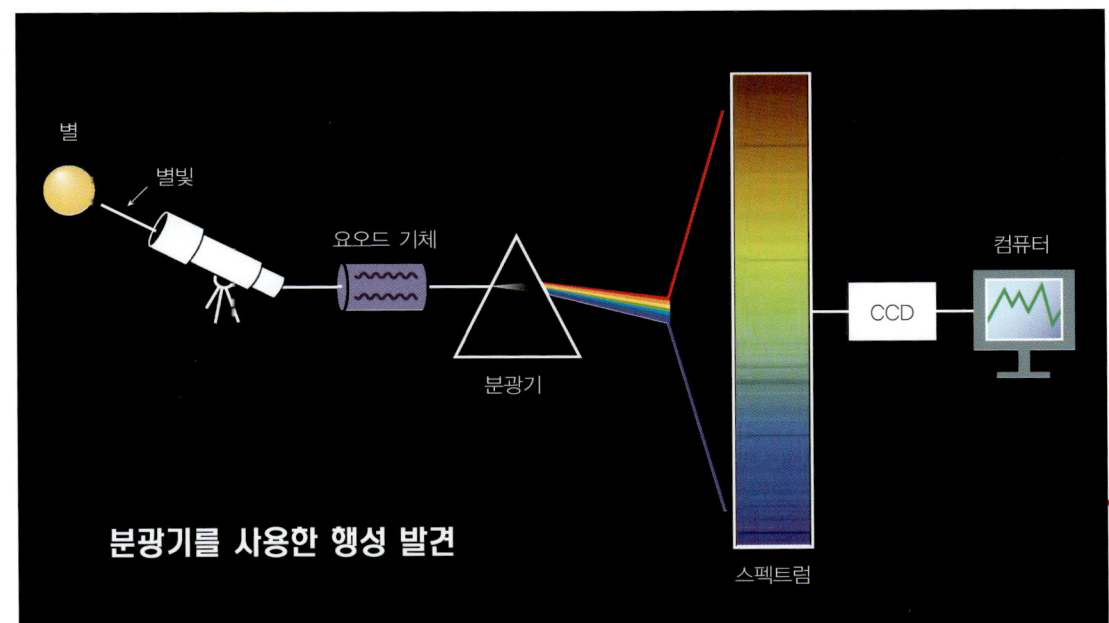

별빛은 망원경으로 들어와 요오드 기체가 든 유리 원통을 지나간다. 그리고 계속해서 분광기를 지나가는데, 분광기는 빛을 구성 성분별로 분해하여 스펙트럼으로 보여 준다. 이 스펙트럼에는 별 주위의 기체와 원통 속 요오드 기체의 흡수선 패턴이 모두 나타난다. 이 스펙트럼을 디지털카메라의 CCD(빛을 전자로 변환시켜 화상을 얻어 내는 센서) 광 검출기 비슷한 장비로 촬영한다. 그러면 컴퓨터가 형상을 저장하고 분석한다.

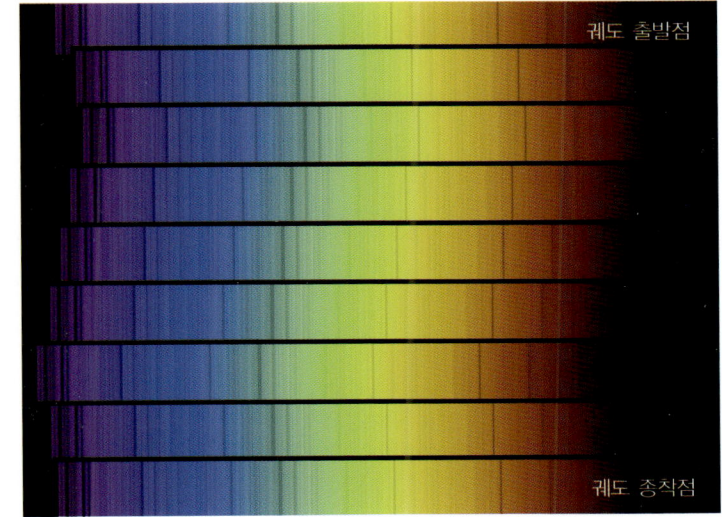

이 별빛 스펙트럼들은 행성이 별 주위를 한 바퀴 도는 동안 일어난 도플러 효과를 보여 준다.

커서를 컴퓨터 화면 위의 한 박스에 가져간 뒤 마우스를 클릭했다. 그리고 마이크로폰에 대고 말했다. "매킬로이, 지금 요오드를 추가하니까 그에 맞춰 초점을 조절하게."

"알았습니다."

마시는 고해상도 에셀 분광기(HIRES)라는 고성능 분광기를 사용한다. 예전 팀원이었던 캘리포니아 대학 산타크루스 캠퍼스의 천문학자 스티븐 보트가 만든 것이다. 보트는 계속해서 이 분광기의 성능을 개선하고 있다. 켁 천문대에서 이 분광기는 강철 벽으로 둘러싸인 작은 방 안의 망원경 거울들 옆에 설치돼 있다.

"분광기가 작동하는 방식은 디지털카메라와 비슷해요.

데브라 피셔가 릭 천문대 제어실에서 별빛의 스펙트럼을 살펴보고 있다. 실제 스펙트럼은 너비가 1미터쯤 된다. CCD 광 검출기가 스펙트럼들을 축소시켜 겹겹이 쌓음으로써 표준화된 컴퓨터 화면을 통해 분석할 수 있게 한다. 사진에 나타나는 색들은 인위적으로 입힌 것이지만, 실제로 스펙트럼에서 빨간색에서부터 파란색까지의 범위를 나타낸다.

빛의 스펙트럼을 촬영해서 기록하지요."

마시는 왼쪽 끝에 있는 컴퓨터 화면을 가리켰다. "이 컴퓨터는 노출 시간을 조절해요. 작은 별은 빛을 덜 내뿜기 때문에 큰 별보다 노출 시간을 더 오래 두어야 해요." 그러고 나서 바로 오른쪽에 있는 화면을 가리켰다. "여기에는 분광기의 모든 데이터가 기록되지요. 나는 이걸 UC 버클리로 가져가 분석할 거예요."

마시는 종이 뭉치를 뒤적이며 훑어보았다. 오늘 밤 관측할 별들의 작업 계획서이다. "오늘 밤에 할 일이 모두 장면별로 여기에 계획돼 있어요."

마시는 관찰할 별들을 선택하느라 수백 시간을 보냈다. 지금은 2,000여 개의 별에 관심을 보이고 있다. 오늘 밤에는 수년 동안 추적해 온 80개의 별에 초점을 맞춰 관측할 예정이다. 마시는 모든 종류의 외계 행성을 찾지만, 이 집단의 별들에 특히 관심이 많았다. 이 별들은 주위에 지구와 비슷한 행성이 돌고 있을 가능성이 높은 별들이다. 마시는 왜 이 별들을 선택했을까? 한 가지 이유는 이 별들이 비교적 조용하고 안정적이라는 점 때문이다. 이 별들은 태양 플레어 같은 것이 발생하지 않고, 팽창하거나 수축하지 않는다. 이런 것들은 행성 때문에 별이 흔들리는 현상을 관측하는 데 방해가 된다.

M 왜성: 기대를 품게 하는 작은 별

"망원경에 잡힌 저 별이 보이나요?" 마시가 맨 오른쪽 컴퓨터 화면을 가리키며 말했다. "이 별은 안정적일 뿐만 아니라 작은 별이에요. 나는 작은 별에 큰 매력을 느껴요. 이 별들 주위에서 지구와 비슷한 행성을 찾을 확률이 아주 높거든요."

많은 별이 질량은 태양의 10분의 1 정도에 불과하다. 천문학자들은 이 별들을 'M 왜성'이라 부른다. 행성 사냥꾼들에게는 다행하게도 M 왜성은 하늘에서 그 수가 가장 많

빽빽하게 모여 있는 이 별들은 제단자리에 있는 구상 성단 NGC 6397이다. 과학자들은 구상 성단이 우리 은하보다 먼저 태어났다고 생각한다. 불그스름한 별들은 나이가 아주 오래된 것이다. 가장 뜨거운 별들은 파란색으로 빛난다. 별들은 가장 뜨거운 별에서부터 가장 차가운 별까지 온도를 기준으로 분류한다. 물론 질량이나 밝기 같은 다른 특징도 함께 고려한다. M 왜성은 가장 흔한 종류의 별이다.

행성을 발견하는 다른 방법

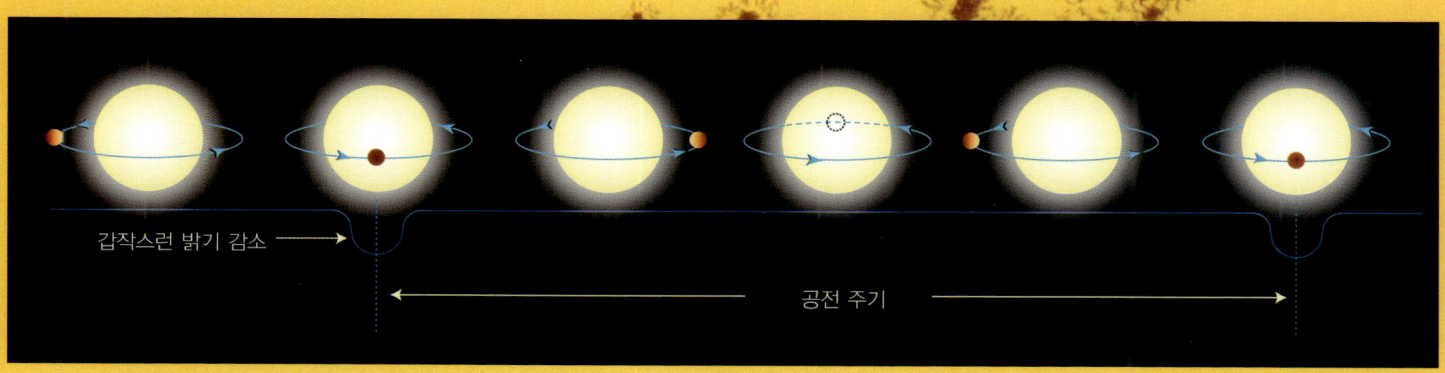

갑작스런 밝기 감소

공전 주기

하버드 대학의 데이비드 샤르보노(David Charbonneau)는 항성면 통과를 이용해 행성을 발견한다. 그는 행성이 그 앞을 지나갈 때마다 주기적으로 밝기가 어두워지는 별을 찾는다. 샤르보노는 이 방법으로 큰 외계 행성을 네 개나 발견했다.

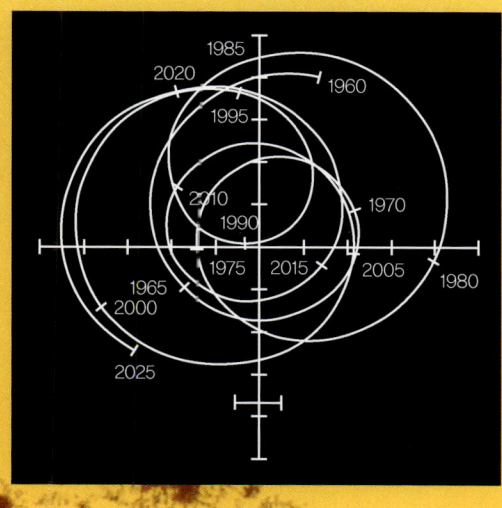

천문학자들은 천체 측정법이라는 방법을 사용해 1960년부터 2025년까지 태양의 위치 변화를 그래프 위에 그렸다. 천체 측정법은 도플러 분광법처럼 별의 흔들림을 관측함으로써 행성을 찾는 방법이다. 하지만 별빛의 파동에 나타나는 도플러 이동을 분석하는 대신에 별이 좌우로 흔들리는 움직임을 측정한다. 나사(NASA)의 제트 추진 연구소의 스티븐 프라브도(Steven Pravdo)와 스튜어트 섀클런(Stuart Shaklan)은 2009년 5월에 VB 10b라는 외계 행성을 발견했는데, 이 행성은 바로 천체 측정법을 사용해 발견한 최초의 행성이었다. 장래에 나사의 우주 간섭계 미션(SIM)에 천체 측정법 장비가 사용될 것이다.

노트르담 대학의 데이비드 베넷(David Bennett)은 미소 중력 렌즈 효과를 사용해 행성을 발견한다. 행성이 딸린 별이 더 멀리 있는 별과 망원경을 잇는 직선 위에 위치할 경우, 먼 별(a)에서 날아오는 빛은 행성이 딸린 별(b) 근처에서 구부러진다. 이렇게 렌즈 효과를 일으키는 별(b)을 '렌즈 별'이라 부른다. 렌즈 별과 그 행성의 중력은 먼 별에서 오는 빛을 확대시킨다. 행성(c)이 렌즈 별 주위를 돌면, 중력 렌즈 효과에 변화가 일어난다. 따라서 먼 별의 밝기 변화를 관측함으로써 가끔 렌즈 별의 행성을 발견할 수 있다. 베넷 팀은 미소 중력 렌즈 효과를 이용해 지금까지 발견된 것 중 가장 작은 축에 드는 행성을 하나 발견했다. MOA-2007-BLG-192Lb란 이름이 붙은 이 행성은 질량이 지구의 3.3배에 불과하다.

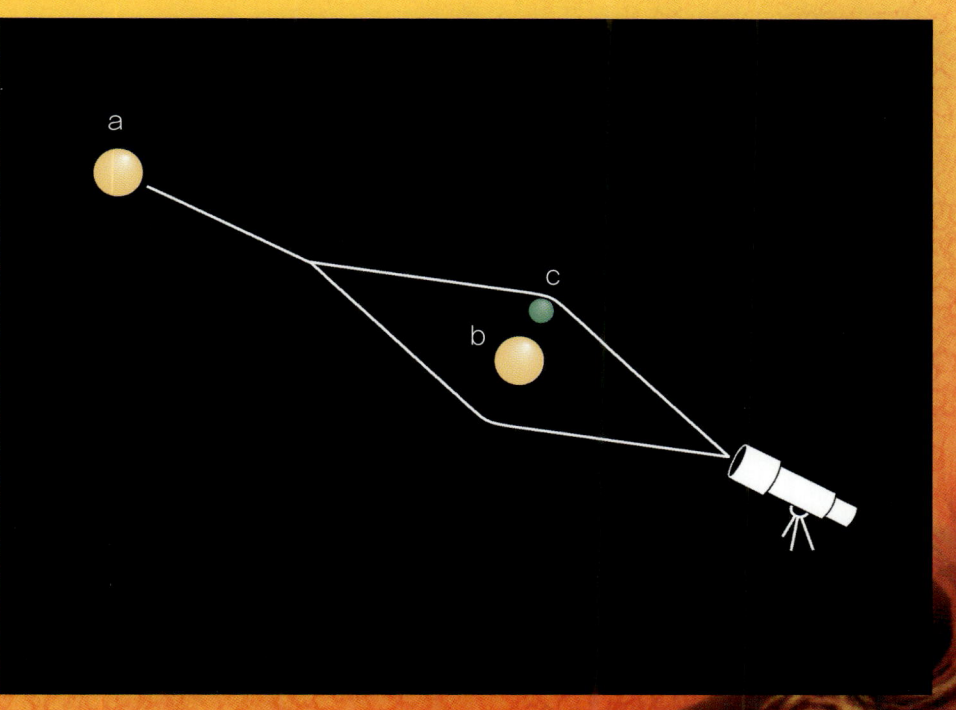

은 종류의 별이다. "이 작은 별들은 행성의 중력에 쉽게 끌려가기 때문에 찾기가 훨씬 쉬워요. 여섯 살짜리 꼬마가 세퍼드와 함께 산책에 나섰다고 생각해 보세요. 어른보다 훨씬 쉽게 이리저리 끌려가겠죠."

마시가 작은 별을 좋아하는 또 한 가지 이유는 행운이 따를 확률이 높기 때문이다. 천문학자가 별을 관측할 때, 가끔 행성이 그 별 앞을 지나가면서 별빛을 가릴 때가 있다. 이런 현상을 '항성면 통과'라고 부른다. 만약 별이 크다면, 지구처럼 작은 행성이 그 앞을 지나가더라도 행성을 발견하긴 쉽지 않다. 작은 행성이 큰 별의 별빛을 가리는 정도가 미미하기 때문이다. 하지만 별이 작다면 지구만 한 크기의 행성도 별빛 중 상당 부분을 가릴 수 있고, 천문학자들은 그것을 발견할 수 있다. 지금까지 항성면 통과 방법으로 지구와 비슷한 행성이 발견된 적은 전혀 없다.

M 왜성처럼 작은 별은 이점이 한 가지 더 있다. 이 별들은 태양만큼 밝지 않다. 사실 이 별들의 밝기는 태양에 비해 100분의 1 정도에 불과하다. 지구처럼 생명이 살 수 있는 행성을 찾는다면, 이렇게 희미한 별빛이 큰 도움이 된다. 그 이유는 다음과 같다.

생명이 살 수 있는 행성은 천문학자들이 '생명체 거주 가능 영역' 또는 '골디락스 지대'라 부르는 곳에 위치하는데, 별 주위에서 생명이 살기에 적합한 조건을 갖춘 지역

골디락스 지대의 행성과 위성

많은 과학자가 액체 상태의 물이 없으면 생명이 존재할 수 없다고 생각한다. 그래서 온도가 아주 중요한데, 어떤 행성에 액체 상태의 물이 존재하느냐 하지 않느냐 하는 것은 바로 온도에 좌우되기 때문이다.

지구의 경우, 대기가 열을 가두어 기온을 따뜻하게 유지하는 데 도움을 준다. 이 현상을 '온실 효과'라고 부른다. 하지만 생명체 거주 가능 영역에 있는 행성이나 위성이라 하더라도, 실제로는 생명이 살 수 없는 곳일 수가 있다. 대기 중에 오염 물질이 추가되어 온실 효과가 커지면, 행성의 온도가 너무 뜨거워져서 생명이 살 수 없다. 태양계의 경우, 달도 생명체 거주 가능 영역에 있지만 태양 열을 가둘 대기가 전혀 없기 때문에 생명이 살 수 없다. 그래서 낮이 된 지역은 너무 뜨겁고, 밤이 된 지역은 엄청나게 춥다. 설사 물이 있다 하더라도, 증발하거나 꽁꽁 얼어붙고 만다.

초록색 지역은 게자리 55번 별 주위의 생명체 거주 가능 영역에 해당한다. 즉, 이곳에 위치한 행성에는 생명이 살 수 있다. 과학자들은 게자리 55번 별 주위를 도는 행성들 중 최소한 하나는 생명체 거주 가능 영역에 있을 것이라고 생각한다.

에 해당한다. 그런 조건 중 하나는 액체 상태의 물이다. 우리가 아는 생명체가 살아가려면 반드시 물이 필요하다. 암석질 행성에서는 물이 웅덩이나 바다에 모일 수 있고, 물속에서 생명에 필요한 물질들이 섞이고 이동할 수 있다.

만약 태양 가까이에 위치한 수성처럼 행성이 별에 너무 가까이 있으면, 별의 뜨거운 열 때문에 물이 모두 증발하고 말 것이다. 만약 화성처럼 행성이 별에서 너무 멀면, 물이 모두 꽁꽁 얼어붙고 말 것이다. "이것은 모닥불과 비슷해요. 만약 모닥불이 깜박이면서 열을 적게 낸다면, 충분한 열을 얻기 위해 더 가까이 다가가야 하지요. 따라서 지구와 같은 행성이 생명이 살 수 있는 곳이 되려면 작은 별에 아주 가까이 붙어 있어야 해요."라고 마시는 설명했다.

M 왜성에 가까이 있는 행성은 별을 쉽게 끌어당길 수 있어 별을 흔들리게 한다. 그러면 가장 가까운 행성이 발견하기 가장 쉬운 행성이자, 생명체 거주 가능 영역에 위치할 경우 생명체가 살기에 가장 적합한 별일 가능성이 높다. 마시는 그것을 "완벽한 행성이죠."라고 표현했다.

앞으로 사흘 밤 동안 마시는 80개의 별을 관측할 것이다. 어쩌면 새로운 데이터를 검토한 뒤에 다음번에 조사할 별의 수를 크게 줄일 수 있을 것이다. 그리고 어쩌면 이 특별한 별들 가운데 지구 비슷한 행성이 숨어 있을지도 모른다.

생명이 존재하기 위해 필요한 조건

지구에 생명체가 존재하려면 세 가지 조건이 필요하다. 유기 분자를 만드는 데 필요한 원소들과 액체 상태의 물과 에너지가 그것이다. 가장 중요한 원소는 탄소인데, 탄소는 우주 전체에 널려 있다. 탄소가 중요한 이유는 많은 원소와 결합하여 핵산(DNA와 RNA의 기본 성분)이나 아미노산(단백질의 기본 성분) 같은 생명의 분자를 만들 수 있기 때문이다. DNA에는 생명이 살아가는 데 필요한 지시가 들어 있다. RNA는 그 지시에 따라 단백질을 만든다. 단백질은 살아 있는 세포가 제 기능을 하는 데 필요한 일들을 한다.

액체 상태의 물이 중요한 이유는 생명체에게 필요한 모든 물질을 이동시키고 녹이고 뒤섞는 장소가 되기 때문이다. 액체 상태의 물이 아주 중요하다고 여기는 과학자들은 외계 생명체를 찾는 일의 핵심은 바로 액체 상태의 물을 발견하는 데 있다고 생각한다.

에너지는 생명체를 살아가게 하는 화학 반응과 생물학적 반응을 일으키는 데 꼭 필요하다. 생명체는 햇빛이나 해저 바닥에서 뿜어져 나오는 열을 비롯해 다양한 형태의 에너지를 이용한다.

하지만 이러한 조건은 어디까지나 우리가 지구에 대해 알고 있는 지식을 바탕으로 한 것이다. 다른 행성에 사는 생명체는 그 조건이 완전히 다를지도 모른다.

초기 지구에 살았던 생물 집단인 삼엽충이다. 딱딱한 껍데기로 둘러싸여 있는 이 작은 동물은 수억 년 전에 나타나, 최초의 공룡이 지구를 걸어다니기 오래전에 멸종했다. 이 화석은 모로코에서 발견된 레오나스피스 삼엽충이다. 과학자들은 이 삼엽충이 4억 1600만 년 전부터 3억 5900만 년 전까지 지구에서 살았을 거라고 생각한다.

앞쪽의 큰 행성은 태양과 비슷한 별인 게자리 55번 별 주위에서 발견된 다섯 번째 행성이다. 이 행성의 질량은 지구보다 45배쯤 크고, 공전 주기는 260일이다. 이 행성계에서 발견된 나머지 네 행성은 별에서 더 가까운 궤도를 돌고 있다.

앞쪽의 큰 행성은 태양과 비슷한 별인 게자리 55번 별 주위에서 발견된 다섯 번째 행성이다.
이 행성의 질량은 지구보다 45배쯤 크고, 공전 주기는 260일이다. 이 행성계에서 발견된 나머지 네 행성은 별에서 더 가까운 궤도를 돌고 있다.

제4장

최초의 외계 행성을 발견하다

캘리포니아 주 해밀턴 산에 있는 릭 천문대

 "내가 외계 행성을 찾는다고 말하면, 사람들은 시선을 딴 데로 돌리고 괜히 발을 비비적거리면서 화제를 바꾸려고 했지요. 내 말을 진지하게 받아들이려 하지 않았어요."라고 마시는 말했다. 1990년대만 해도 대부분의 과학자는 다른 별 주위에서 행성을 찾는 일은 불가능하다고 생각했다. 그러니 재정적 지원도 거의 받지 못하는 무명의 천문학자인 마시가 외계 행성을 발견할 가능성이 얼마나 있을 거라고 생각했겠는가?

 마시와 버틀러는 조용히 외계 행성 탐사 작업을 해 나갔는데, 주로 캘리포니아 주 해밀턴 산에 있는 릭 천문대에서 작업을 했다. 그곳은 마시가 교수로 일하고 버틀러가 대학원을 다니던 샌프란시스코 주립 대학에서 가까웠다. 두 사람은 많은 시간을 들인 끝에 목성 같은 큰 행성을 탐지하는 방법을 생각해 냈다. 이런 행성은 지구만 한 행성보다 별빛에 더 큰 도플러 이동을 일으킬 것이다. 두 사람은 먼저 거대 행성을 발견한 다음에 탐지 기술을 더 개선해 작은 행성을 발견하려고 했다.

행성의 탄생

행성은 새로 태어난 별 주위를 빙빙 도는 가스와 먼지 원반에서 핵 응축이라는 과정을 통해 생겨난다. 이렇게 별 주위에서 빙빙 도는 물질을 '원시 행성 원반'이라고 한다. 이것은 팬케이크처럼 납작한 모양을 하고 있으며, 먼지 물질을 별에서 바깥쪽으로 밀어 낸다. 시간이 한참 지나면, 일부 먼지 입자들이 서로 들러붙어 암석 덩어리가 된다. 그리고 암석들이 서로 충돌하면서 들러붙어 도시만 한 크기로 성장한다. 이 거대한 암석 덩어리들이 계속 다른 암석과 충돌하면서 커져 가, 마침내 행성의 암석질 핵을 이루게 된다. 목성 같은 거대 기체 행성은 원반에서 바깥쪽으로 멀리 떨어진 곳(대개 태양과 지구 사이의 거리보다 5~10배 멈)에서 생겨나는 반면, 지구 같은 암석질 행성은 별 가까이에서 생겨난다. 목성 같은 행성의 암석질 핵은 아주 커서 그 중력으로 원반 가까이에 있는 수소와 헬륨 기체를 끌어당긴다. 그러면 이 기체들이 행성의 질량을 더욱 크게 만든다.

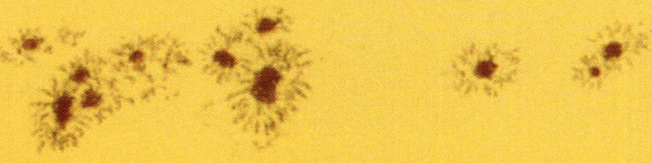

그 당시 과학자들은 그렇게 큰 행성들이 별에서 멀리 떨어진 곳, 최소한 태양과 지구 사이의 거리보다 3~4배 먼 거리에서 궤도를 돌 것이라고 예측했다. 목성이 태양 주위를 한 바퀴 도는 데에는 11년 이상이 걸리기 때문에, 마시와 버틀러는 큰 행성의 완전한 궤도를 알아내려면 최소한 10년간의 데이터가 필요할 것이라고 생각했다. 관측 대상은 태양과 비슷한 크기를 가진 가까운 별들로 제한했는데, 그들은 이 별들 주위에 행성이 있을 가능성이 아주 높다고 판단했다.

두 사람은 8년 이상 밤낮을 가리지 않고 열심히 일하면서 별들의 스펙트럼을 계속 모았다. 또 도플러 이동을 분석하는 컴퓨터 소프트웨어도 개발했다. 소프트웨어 개발은 결코 만만한 일이 아니었다. 그 프로그램은 스펙트럼을 기록하는 디지털카메라에서 1,000분의 1 픽셀의 정확도로 도플러 이동을 감지할 만큼 정밀한 것이어야 했기 때문이다. 마시는 좌절감을 느낄 때면 대학 때 어느 교수님이 한 충고를 떠올렸다. 그 교수님은 설사 어떤 일이 불가능해 보이더라도 포기하지 말고 계속 노력하라고 말했다.

켁 천문대에서 고해상도 에셀 분광기(HIRES)를 설계한 천문학자 스티븐 보트는 마시와 버틀러가 외계 행성 탐사 작업에 처음 나선 릭 천문대의 분광기도 만들고 개선했다. 보트는 두 사람에게 릭 천문대의 장비를 제대로 사용하는 방법을 가르쳐 주었다.

별빛에 나타나는 아주 작은 도플러 이동

별빛의 도플러 이동이 얼마나 작은지 피아노 반음들 사이의 파장 차이와 비교해 보자. 마시의 소프트웨어는 아주 정확해서 '다' 음(위 사진에서 왼손으로 누른 건반)의 파장과 '올림 다' 음(오른손으로 누른 건반)의 파장 차이보다 100만 분의 1이나 작은 도플러 이동을 감지할 수 있다.

초기의 탐사 작업

마시와 버틀러가 행성 탐사 기술을 개선하고 있을 때, 흥미로운 사건이 두 가지 일어났다. 첫 번째 사건은 1992년 펜실베이니아 주립 대학의 전파 천문학자 알렉산더 볼시찬(Aleksander Wolszczan)이 펄서 주위에서 궤도를 도는 행성 세 개를 발견한 사건이었다. 펄서는 별이 수명을 다한 뒤에 바깥층 물질을 날려 보내거나 폭발한 뒤에 남은 물질에서 생기는 천체이다. 하지만 볼시찬의 발견은 태양 같은 보통 별 주위에도 행성이 있는가 하는 질문에는 답을 주지 못했다.

그러다가 1995년 스위스의 제네바 천문대에서 일하던 두 천문학자 미셸 마요르(Michel Mayor)와 디디에 켈로즈(Didier Queloz)가 보통 별인 페가수스자리 51번 별 주위에서 궤도를 도는 최초의 행성을 발견했다고 발표했다. 이 행성에는 페가수스자리 51 b라는 이름이 붙었다. 마요르와 켈로즈는 '갈색 왜성'이라는 작고 어두운 별을 찾으려고 페가수스자리 51번 별의 빛에서 도플러 이동을 측정하다가 우연히 그 행성을 발견했다.

새로 발견된 이 행성은 천문학자들이 그때까지 본 어떤 행성하고도 달랐다. 이 행성은 불과 나흘 만에 별 주위를 한 바퀴 돌았다. 게다가 행성의 궤도와 크기도 태양계의 행성들과는 사뭇 달랐다. 이 행성은 크기가 토성보다 컸지만, 별과의 거리는 태양과 수성 사이의 거리보다도 7배나 짧았다.

마시는 마요르와 켈로즈가 실수를 한 게 아닐까 하는 의심이 들었다. 마시와 버틀러는 자신들의 컴퓨터 프로그램과 분광기를 사용해 확인 작업에 들어갔다. 두 사람은 페가수스자리 51번 별의 빛을 직접 측정한 적이 없었다. 그래서 그 별의 도플러 이동 자료부터 열심히 수집하고 분석했다. 며칠 뒤, 두 사람은 마요르와 켈로즈의 발견이 옳았음을 확인했다. 기묘하긴 해도, 실제로 그런 행성이 있었

마요르와 켈로즈는 보통 별 주위를 도는 최초의 외계 행성인 페가수스자리 51 b를 발견했다. 이 그림은 별과 그 행성(가운데 가까이에 위치한 빨간색 구)의 크기를 목성과 지구 크기와 비교해 나타낸 것이다.

마시와 버틀러는 자신들이 발견한 최초의 외계 행성인 큰곰자리 47 b를 발견하고 나서, 몇 주 만에 두 번째 외계 행성인 처녀자리 70 b를 발견했다. 목성만 한 크기의 이 행성 주위로 큰 위성들이 생명체 거주 가능 영역에서 돌고 있을지 모른다. 만약 그렇다면, 그 위성들에는 액체 상태의 물이 존재할지 모른다. 이 그림은 지구를 닮은 위성 중 하나를 묘사한 것이다.

던 것이다.

"우리는 크게 놀라면서도 흥분했지요. 최초의 외계 행성이 발견된 것이니까요."라고 마시는 말했다.

'보통' 행성은 실제로 존재한다

그 무렵, 마시와 버틀러는 8년 동안 도플러 이동을 측정한 데이터를 모았다. 하지만 그들에게는 복잡한 데이터를 분석할 만큼 성능이 좋고 빠른 컴퓨터가 없었다. 결국 그들은 그 일을 할 수 있는 컴퓨터를 여러 대 마련했다. "그때부터 우리가 직접 얻은 데이터를 가지고 본격적인 작업을 시작할 수 있었지요."

그러다 문득 이런 생각이 들었다. '혹시 아직 분석하지 않은 데이터에 두 번째 행성의 증거가 숨어 있진 않을까?' 두 사람은 새로운 컴퓨터로 분석 결과를 얻으면서 다시 작업을 시작했다. 수백 차례의 관측에서 얻은 스펙트럼을 자세히 분석했다.

"행성은 하나가 아니라 두 개가 더 있었어요!" 마요르와 켈로즈의 발견이 있고 나서 불과 한 달 뒤에 마시와 버틀러는 큰곰자리 47번 별과 처녀자리 70번 별 주위를 도는 행성을 각각 하나씩 발견했다고 발표했다. 두 행성의 이름은 큰곰자리 47 b와 처녀자리 70 b이다.

이 발견이 특히 흥미로운 이유는 페가수스자리 51번 별 주위에서 발견된 행성보다 이 행성들이 '보통' 행성에 훨씬 가까웠기 때문이다. 이 행성들은 별 주위를 한 바퀴 도는 데 며칠이 아니라 몇 달이 걸렸다. 게다가 별에서 좀 더 멀리 떨어진 곳에서 궤도를 돌았다.

불과 한 달 사이에 행성이 딸린 별의 수는 1개(우리 태양)에서 4개로 늘어났다. 그러자 다른 태양계가 존재한다는 생각이 새삼 확인되었고, 그와 함께 생명체가 사는 외계 행성의 존재 가능성도 커졌다.

이렇게 해서 마시와 버틀러는 행성 탐사 부문에서 유명 인사가 되었다. 하지만 두 사람의 노력은 거기서 멈추지 않았다. 5년 뒤인 2000년까지 두 사람은 외계 행성을 60

개나 발견했다. 그리고 9년 뒤에는 모두 180개나 되는 외계 행성을 발견하는 데 핵심 역할을 담당했다. 마시와 버틀러는 행성 탐사 기술을 완성하느라 오랜 세월을 보냈는데, 마침내 그런 고생에 대한 보람을 느꼈다. 다른 천문학자들도 외계 행성 탐사 대열에 뛰어들어 약 220개를 추가로 발견했다.

획기적인 발견

1999년 마시와 버틀러는 안드로메다자리 입실론 별 주위를 도는 세 행성을 발견하여, 최초로 행성 가족을 발견하는 성과를 거두었다. 마침내 우리 태양계에 필적할 만한 외부 태양계가 존재한다는 증거를 얻은 것이다.

2002년 마시와 버틀러는 게자리 55 d라는 행성을 발견했는데, 이것은 목성과 비슷한 최초의 거대 기체 행성이었다. 이 행성은 게자리 55번 별에서 태양과 목성 사이의 거리만큼 떨어져 있었다. 이 발견은 지구에서 생명체가 탄생하는 데 기여한 두 가지 요인 때문에 중요한 의미가 있다.

하나는 지구가 소행성 충돌을 피할 수 있도록 소행성들을 차단하는 목성의 역할이다. "질량이 아주 큰 목성은 대형 우주 진공청소기 역할을 하면서 혜성과 소행성을 빨아들이지요. 목성이 없었더라면, 그러한 충돌 때문에 지구에서 생명체가 나타났다 하더라도 금방 사라지고 말았을 거예요."라고 마시는 설명했다.

또 하나는 지구가 태양 주위의 생명체 거주 가능 영역에서 궤도를 돈다는 사실이다. 그보다 몇 년 전에 마시와 버틀러는 게자리 55번 별 주위에서 더 가까운 궤도를 도는 행성 두 개(게자리 55 b와 게자리 55 c)를 발견했다. 그런데 이 두 행성과 새로 발견한 목성만 한 행성 사이의 간격이 아주 넓었다. 이 간격은 바로 생명체 거주 가능 영역에 해당하는 지역이었다. 혹시 이곳에 액체 상태의 물이 존재하는 암석질 행성이 있지는 않을까?

만약 그렇다면 게자리 55 행성계는 우리 태양계와 비슷한 특징 두 가지를 갖춘 셈이다. 하나는 목성과 비슷한 행성이 있다는 것이고, 또 하나는 지구와 비슷한 행성이 있다는 것이다. 그리고 어쩌면 생명체가 존재할지도 모른다.

2007년 11월 마시와 버틀러, 데브라 피셔는 그들의 팀과 함께 바로 그 간격에서 행성(게자리 55 f)을 하나 더 발

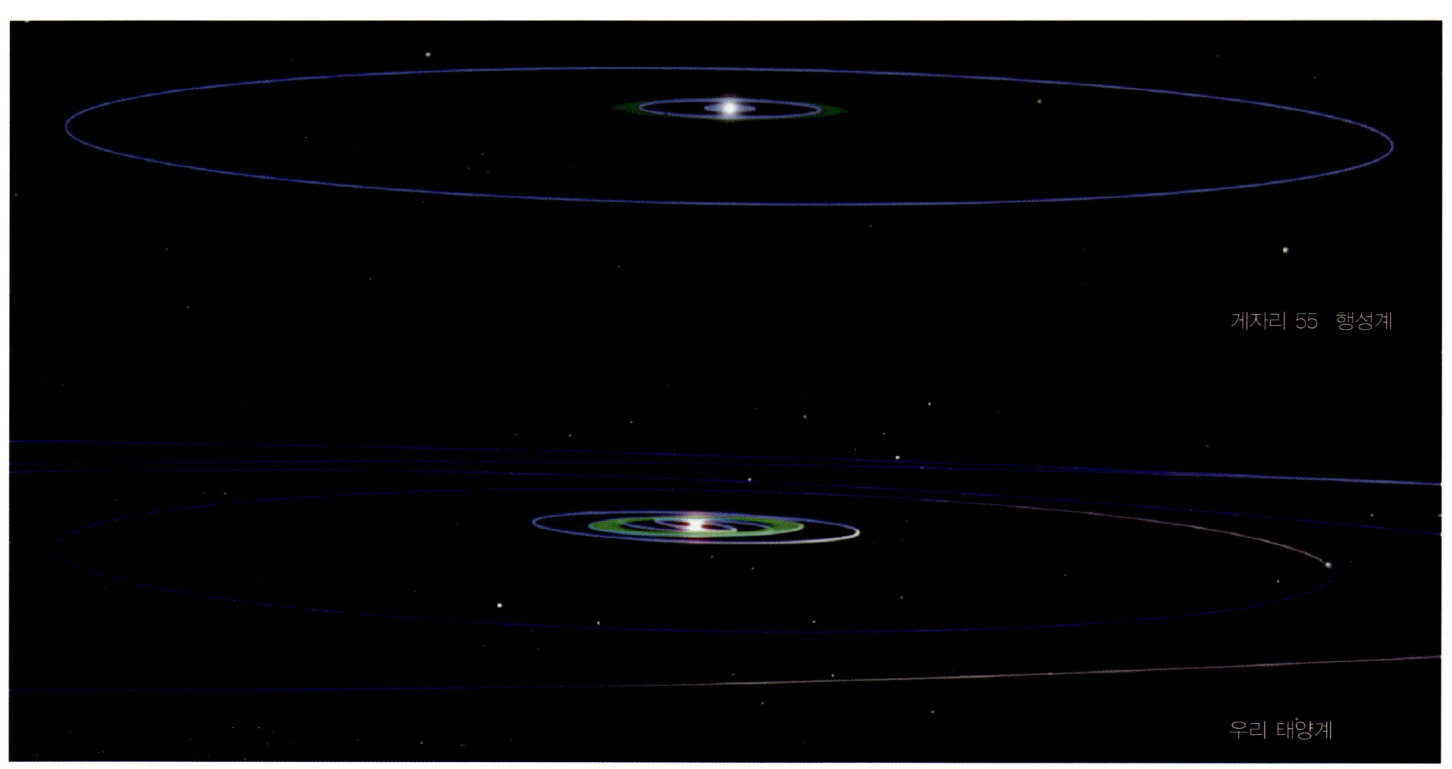

지금까지 발견된 행성들 중 게자리 55 행성 가족(위)은 태양계와 가장 비슷한 행성계이다. 파란색 선은 행성들의 궤도를 나타낸다. 게자리 55 행성계에는 발견된 것보다 더 많은 행성이 있을지 모르며, 어쩌면 생명체 거주 가능 영역(초록색)에 너무 작아서 발견되지 않은 암석질 행성이 있을지도 모른다. 만약 그렇다면 이 행성이나 그 위성(만약 있다면)에 생명체가 살지도 모른다.

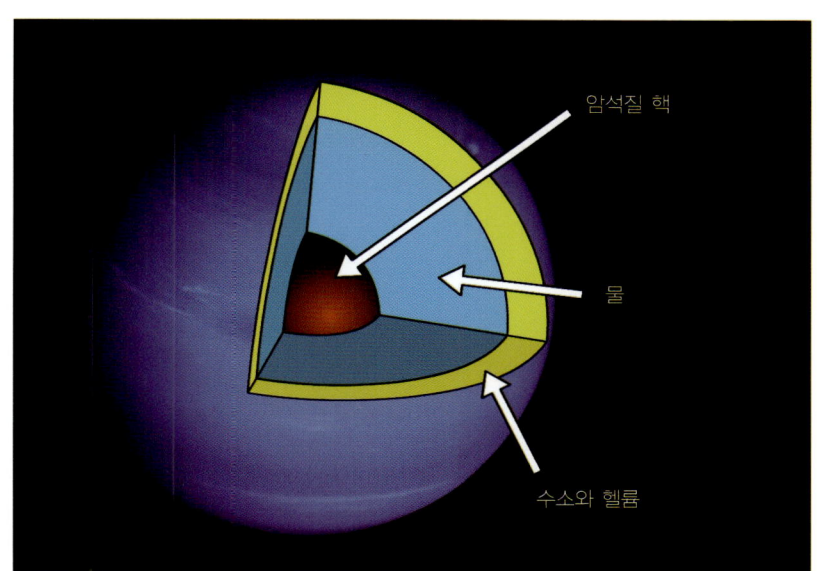

글리제 436 b의 밀도는 이 행성의 암석질 핵 주위를 물의 바다가 둘러싸고 있음을 말해 준다. 수소와 헬륨은 행성 주위에서 얇은 층을 이루며 둘러싸고 있다.

견했다. 마시는 새로 발견한 이 행성이 지구를 닮은 게 아니라 목성을 닮은 거대 기체 행성이라고 생각한다. 하지만 이 행성 주위에 암석질 위성이 돌고 있을 가능성이 있는데, 이 위성 역시 생명체 거주 가능 영역에 존재한다. 과학자들은 태양계의 여러 위성에서 생명체가 존재할 가능성을 조사하고 있다. 게자리 55 f 근처에 있는 위성에는 물이 있을지 모르며, 어쩌면 생명체가 살지도 모른다.

마시는 행성을 더 발견할 수 있지 않을까 기대하면서 게자리 55번 별 주변의 생명체 거주 가능 영역을 계속 집중적으로 조사하고 있다. 설사 그곳에 지구와 비슷한 행성이 있다고 해도, 크기가 너무 작아서 도플러 분광기로 발견하기 어려울지 모른다. 적어도 지금으로서는 그렇다.

게자리 55 f의 발견이 중요한 이유가 한 가지 더 있다. 이로써 게자리 55번 별 주위를 도는 행성의 수가 다섯 개로 늘어난 것이다(게자리 55 e는 2004년에 마시와 버틀러, 피셔를 포함해 여러 천문학자가 공동으로 발견함). 현재로서는 게자리 55 행성계가 지금까지 발견된 것 중 가장 큰 행성 가족이자 태양계와 가장 비슷한 행성계이다.

지금까지 마시와 버틀러가 발견한 것 중 가장 작은 행성은 글리제 876이라는 별 주위를 돌고 있다. 2005년 6월에 발견된 이 행성(글리제 876 d)은 질량이 지구의 5.9배 정도로 작다. 천문학자들은 이 행성이 암석으로 이루어져 있는지 아직 확실히 밝혀내진 못했지만, 작은 크기로 볼 때 목성 같은 거대 기체 행성은 아닐 것이라고 생각한다.

어떤 종류의 행성일까?

대개의 경우, 천문학자들은 어떤 행성이 기체 행성인지 암석질 행성인지, 혹은 거기에 물이 존재하는지에 대해 확실하게 말할 수 없다. 대신에 행성의 질량을 바탕으로 태양계의 행성들과 비교함으로써 몇 가지 특징을 추정한다. 하지만 2007년 5월, 특별한 상황 덕분에 마시 팀은 한 행성의 구성 성분을 확실하게 알아냈다.

벨기에 천문학자 미카엘 질롱(Michael Gillon)은 글리제 436의 밝기를 측정하다가 이 별이 2.5일마다 어두워졌다가 밝아지길 반복한다는 사실을 발견했다. 밝기가 어두워지는 이유는 한 행성(글리제 436 b)이 별 앞을 지나가면서 별빛 중 일부를 가리기 때문이었다.

마시와 버틀러는 글리제 436 b를 그보다 앞선 2004년에 발견했다. 두 사람은 켁 천문대에서 고해상도 에셜 분광기를 사용해 그 질량을 알아냈다. 글리제 436 b는 질량이 지구보다 22배 정도 컸기 때문에 대략 해왕성과 비슷했다. 그런데 이 행성이 항성면 통과를 한다는 사실은 추가로 소중한 정보를 제공했다.

글리제 436 b가 글리제 436 앞을 지나가는 동안 관측되는 별빛의 변화를 측정함으로써 행성의 지름을 계산할 수 있었다. 행성의 지름과 질량을 모두 알면, 행성의 밀도를 계산할 수 있다. 밀도는 어떤 물체 속에 들어 있는 물질의 양을 나타낸다. 즉, 밀도는 그 물체를 이루는 원자와 분자가 얼마나 빽빽하게 모여 있는지 나타내는 척도이다. 밀도는 질량을 부피로 나눈 값이다. 이렇게 해서 알아낸 글리제 436 b의 밀도로 이 행성의 구성 성분이 무엇인지 짐작할 수 있었다.

이 행성의 밀도는 $1.6g/cm^3$이다. 이것은 물의 밀도($1g/cm^3$)보다는 크고, 암석의 밀도($5.5g/cm^3$)보다는 작다.

"이것이 의미하는 것은 한 가지밖에 없어요. 이 행성은 암석질 핵이 있고, 그 주위를 물의 바다가 둘러싸고 있다는 겁니다. 복숭아랑 비슷하다고 할 수 있지요. 우리는 사진을 찍지 않고도 행성의 모습을 상당히 정확하게 알아냈어요. 도플러 이동과 항성면 통과를 측정함으로써 행성의 내부 구조를 알아낸 거지요."

2009년 9월, 스위스 천문학자 디디에 켈로즈 팀은 두 번째 암석질 행성인 CoRoT-7 b의 밀도를 알아냈다. 천문학자들은 이 행성이 지구처럼 암석과 철로 이루어져 있는지, 아니면 암석질 핵이 물로 둘러싸여 있는지 알아내려고 노력하고 있다. 하지만 마시는 "그것은 생명체가 살 수 있는 행성의 발견을 향해 나아가는 도중에 일어난 아주 흥미진진한 발견입니다."라고 말했다.

기대하지 않았던 발견

새로운 행성을 하나 발견할 때마다 마시와 그의 팀은 우주의 다양성을 이해하는 데 한 발 더 다가갔다. 처음에 마시는 우리 태양계와 비슷한 행성과 행성계를 발견하길 기대했다. 또 태양과 비슷한 별만 관측하려고 했다. 하지만 지금은 다양한 별을 관측하고 있으며, 특히 태양보다 작은 M 왜성을 주요 표적으로 삼고 있다. 행성을 더 많이 발견할수록 행성들의 범위와 행동에 대해 더 많은 것을 알게 된다. 많은 행성이 거의 원에 가까운 궤도를 도는 태양계 행성들보다 더 길쭉한 타원 궤도를 돈다. 심지어 두 개 이상의 별 주위를 도는 행성도 있다.

처음에 과학자들은 거대 기체 행성(뜨거운 목성형 행성이라고 부름)이 별에서 아주 가까운 궤도를 도는 것을 발견하고 깜짝 놀랐다. 지금은 이 행성들이 원래 먼 바깥쪽 지역에서 생겨났다가 안쪽으로 이동한 것이라고 생각한다. 마시는 "새로 생겨난 기체 행성은 가스와 먼지 사이를 지나가면서 일종의 마찰을 통해 에너지를 잃지요. 이 때문에 행성은 나선을 그리며 안쪽으로 이동해요. 마치 욕조에서 물과 때가 배수구를 통해 나선을 그리며 내려가듯이 말입니다."라고 설명했다.

뜨거운 목성형 행성이 있는 별은 전체 별 중 겨우 1% 정도에 지나지 않는다. "이 행성들은 아주 드문 별종이에요. 목성과 비슷한 행성들과 그 밖의 행성들은 대부분 별에서 멀찌감치 떨어진 정상적인 거리에서 궤도를 돌아요."

최근 미셸 마요르 팀은 글리제 581 주위에서 지금까지 발견된 것 중 가장 작은 외계 행성을 발견했다. 이 행성(글리제 581 e)의 질량은 지구의 1.9배에 불과하다. 비록 이 행성은 너무 뜨거워서 생명체가 살기 힘들지만, 마시는 이 발견에 중요한 의미가 있다고 생각한다. 이 발견은 우리 은하에 작은 행성이 더 많이 존재한다는 것을 알려 주기 때문이다.

"과학은 기대하지 않았던 걸 발견할 때 아주 흥미진진해지지요. 다른 종류의 외계 행성들을 발견할 때마다 우리는 지구를 다시 돌아보게 됩니다. 지구는 왜 이렇게 생긴 걸까요? 지구와 같은 행성은 우주에서 단 하나밖에 없을지도 모릅니다. 하지만 우리가 발견한 그 다양성을 감안한다면, 다른 행성들에도 최소한 원시적인 형태의 생명체가 있지 않을까 하는 기대를 품게 되지요."

CoRoT-7 b에서 보는 일출 장면은 지구에서 보는 일출 장면하고는 아주 다를 것이다. 이 그림은 그 장면을 화가가 상상해서 그린 것이다.

외계 행성의 대기 발견

천문학자 데이비드 샤르보노와 그의 팀은 나사가 우주 공간에 띄운 스피처 우주 망원경에 실린 적외선 분광 사진기를 사용해 행성의 대기를 분석한다. 행성이 별 앞을 지나갈 때 분광 사진기는 별빛과 별빛 중 일부가 행성의 대기를 지나온 빛이 합쳐진 스펙트럼을 얻는다. 이렇게 합쳐진 빛의 스펙트럼에서 원래 별빛의 스펙트럼을 없애면, 행성의 대기 성분을 알려 주는 화학적 지문이 나타난다.

샤르보노는 "생명체가 살 수 있는 암석질 행성이 발견되면, 우리는 그 행성에 산소가 있는지부터 조사할 것입니다. 산소의 존재는 행성 표면에서 생물의 활동이 일어날 가능성을 알려 주기 때문이죠."라고 말한다. 허블 우주 망원경과 스피처 우주 망원경을 통해 지금까지 외계 행성들의 대기에서 나트륨, 물, 메탄, 일산화탄소, 이산화탄소 등을 발견했다.

HD 209458이라는 별에서 뿜어져 나오는 항성풍이 그 주위를 도는 행성인 HD 209458 b의 대기에서 탄소와 산소를 날려 보내는 장면을 상상해 그린 그림이다.

외계 행성의 대기 발견

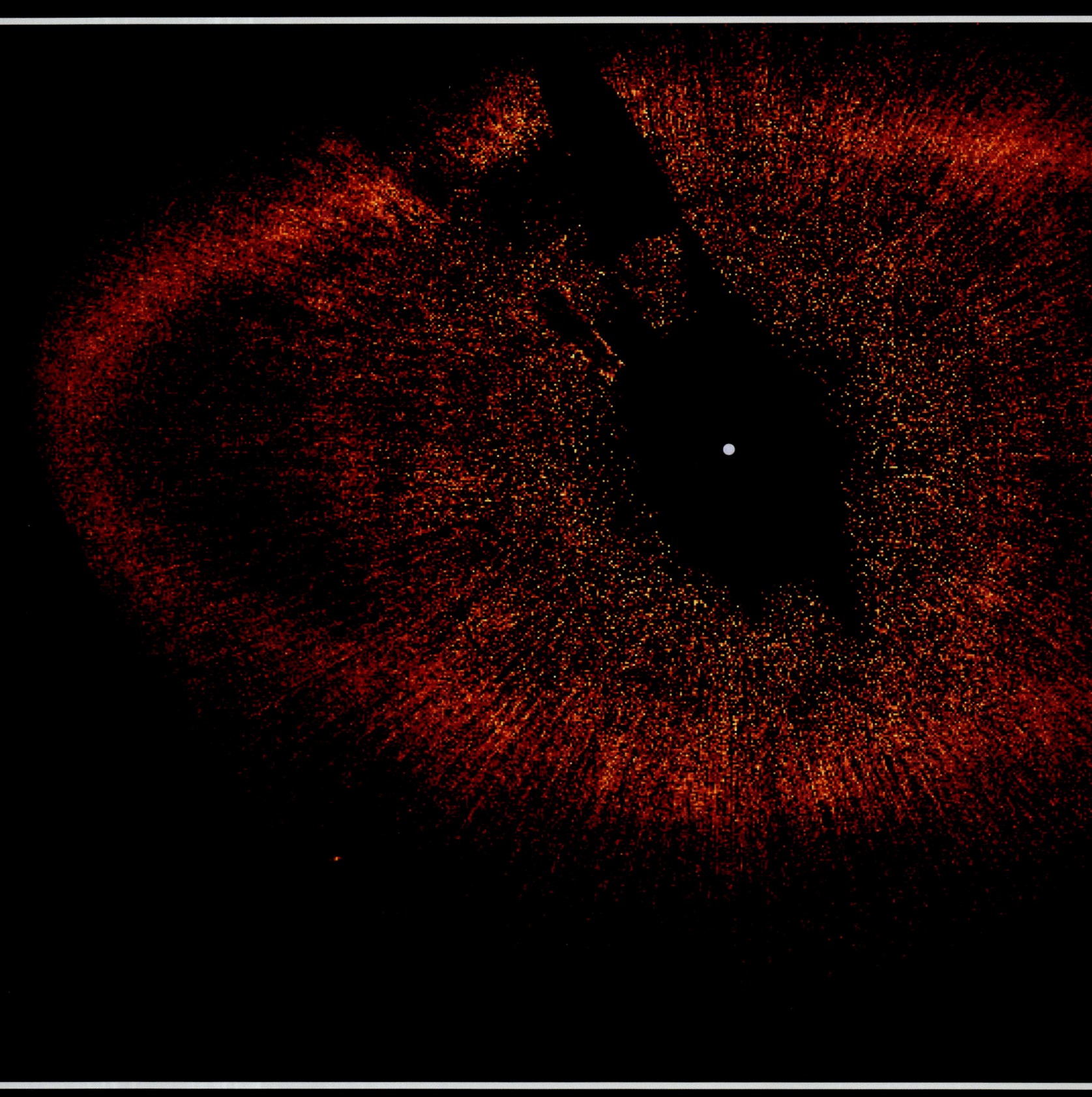

보이지 않던 행성이 모습을 드러내다

2008년 11월, 두 천문학자 팀이 처음으로 외계 행성의 사진을 찍었다고 발표했다. UC 버클리의 폴 칼라스(Paul Kalas)가 이끈 팀은 포말하우트 라는 별 주위를 도는 행성 포말하우트 b의 사진을 찍었다. 이 사진은 허블 우주 망원경에 실린 특수 카메라로 촬영했다. 사진 가운데에 있는 흰 점이 포말하우트이다. 천문학자들은 코로나 그래프라는 장비를 사용해 별빛을 차단(별 주위의 검은 부분) 함으로써 행성의 모습을 찾을 수 있었다. 아래 의 작은 사각형에 행성의 모습이 나타나 있다. 천문학자들은 2004년과 2006년에 포말하우트를 찍은 사진들을 비교하여 거대한 먼지 고리 속에서 밝은 점 하나가 움직였다는 사실을 발견했다(아래의 큰 사각형). 그것은 바로 행성이었다.

캐나다 브리티시 컬럼비아 주 빅토리아에 있는 헤르츠베르크 천체 물리학 연구소에서 크리스티앙 마루아 (Christian Marois)가 이끈 두 번째 팀은 켁 II 망원경과 마우나케아 산의 제미니 망원경을 사용해 HR 8799 별 주위를 도는 세 행성 가족 사진을 찍었다.

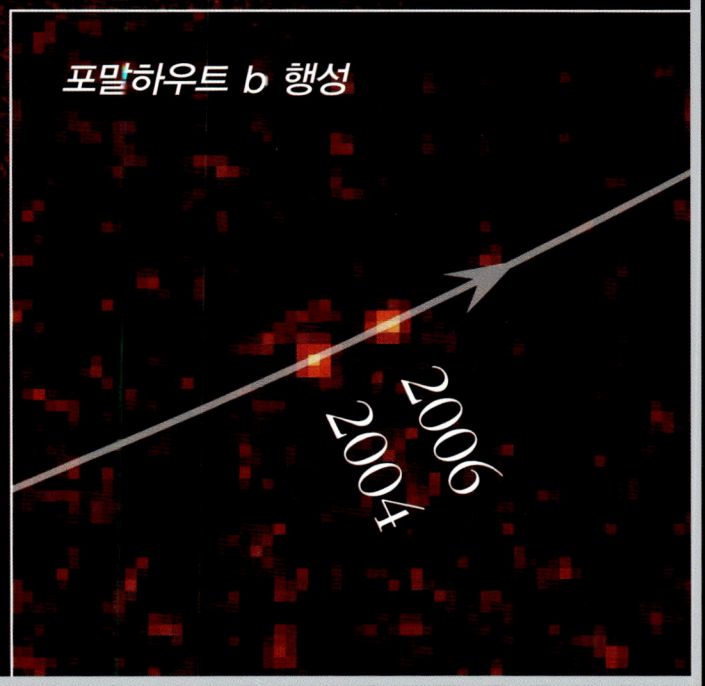

포말하우트 b 행성

2006
2004

제5장

차세대 행성 탐사

하와이의 켁 천문대

마시가 행성을 탐사하는 켁 천문대의 제어실은 이제 자정을 맞았다. 마시에게는 근무 시간의 중간쯤에 해당하는 시간이다.

"매킬로이, 망원경을 서쪽으로 이동해 보게." 그는 산 정상에서 망원경을 작동하는 기술자인 제이슨 매킬로이에게 이렇게 지시했다. 그리고 한 컴퓨터 화면을 가리키며 말했다. "저것 보여요? 저건 쌍성 중 하나예요. 즉, 서로의 주위를 도는 두 별 중 하나죠."

마시와 매킬로이는 그 별의 노출 시간을 얼마로 할지를 놓고 의견을 나누었다.

"좋은 사진을 얻으려면 한 10분은 기다려야 해요. 하지만 그래도 우리가 원하는 수준으로 나오지 않을 수 있어요. 우리는 늘 성능이 더 좋은 망원경을 간절히 원하는데, 지금까지는 이것이 세계에서 가장 성능이 좋은 망원경이죠."

하지만 마시는 차세대 행성 탐사 기술이 발전할 때까지 오래 기다리지 않아도 될 것 같다. 나사는 새로운 우주 망원경과 장비를 궤도 위에 띄워 올리고 있는데, 이 장비를 통해 외계 행성을 더 많이 발견할 수 있을 것으로 기대된다. 그중에는 지구만큼 작은 행성들도 있을 것이다.

나사의 케플러 망원경(왼쪽)은 생명체 거주 가능 영역에서 궤도를 도는 지구만 한 행성 또는 더 큰 행성이 별 앞을 지나가면서 항성면 통과 현상을 일으키는 것을 추적한다. 특별히 별의 밝기가 어두워졌다 밝아졌다 하는 것을 잘 감지하도록 설계돼 있다.

나사의 우주 간섭계 미션(아래)은 한 쌍의 망원경을 통해 광파를 수집하는 장비인 간섭계를 포함하고 있으며, 넓은 범위의 우주를 관측할 수 있다.

2009년 3월 궤도에 올라간 나사의 케플러 미션은 항성면 통과 방법을 사용해 행성을 발견하는 것이다. 이 망원경은 백조자리에 있는 별 10만 개의 사진을 계속해서 찍으면서 행성이 별 앞을 지나갈 때 별빛이 흐려지는 현상을 발견하길 기대한다. 케플러 미션의 과학 팀에서 활동하는 마시는 켁 I 망원경을 사용해 그렇게 발견된 행성을 확인할 것이다. 또 그 행성의 밀도도 알아낼 것이다.

10년 안에 발사할 예정인 나사의 우주 간섭계 미션(SIM)은 지금까지 우주에 띄워 올려진 행성 탐사 망원경 중 최고의 성능을 자랑한다.

우주 간섭계 미션의 과학 팀을 이끄는 사람 중 하나인 마시는 행성을 발견하기 위한 계획에서 핵심 역할을 담당

외계 지능 생명체가 존재할까?

1961년 천문학자 프랭크 드레이크(Frank Drake)는 우리 은하에 발달한 문명의 수가 얼마인지 계산하는 방정식을 만들었다.

$$N = Rs \times Fp \times Np \times Fl \times Fi \times Fc \times L$$

이 방정식에서 각각의 문자가 가리키는 것은 다음과 같다.
N : 우리 은하에서 기술이 충분히 발전한 문명의 수
Rs : 우리 은하에서 별이 생겨나는 속도(우리 은하 안에 있는 별의 수÷별의 평균 수명)
Fp : 행성이 딸린 별의 비율(0에서 1 사이)
Np : 행성이 딸린 별 하나당 생명체가 살 수 있는 조건을 갖춘 행성의 수
Fl : 그런 행성 중에서 실제로 생명체가 탄생하는 비율(0에서 1 사이)
Fi : 그중에서 지능 생명체가 진화하는 행성의 비율(0에서 1 사이)
Fc : 그중에서 자신의 존재를 알릴 만큼 통신 기술이 발전한 문명이 나타날 확률(0에서 1 사이)
L : 그만큼 기술이 발전한 문명이 생존하는 기간(단위 : 년)

방정식의 우변에 있는 일곱 항을 모두 곱한 값은 좌변의 N, 즉 우리 은하에서 기술이 충분히 발전한 문명의 수와 같다. 과학자들이 각각의 항에 대한 값을 더 정확하게 알아낼수록 외계 지능 생명체가 존재하는 문명의 수를 더 정확하게 예측할 수 있다. 행성 사냥꾼으로서 마시가 한 연구는 Fp(행성이 딸린 별의 비율)와 Np(행성이 딸린 별 하나당 생명체가 살 수 있는 조건을 갖춘 행성의 수)의 값에 영향을 미친다.

별과 행성은 계속 생겨난다. 마시는 우리 은하에 있는 약 2,000억 개의 별 중에서 행성계가 있는 별은 약 200억 개 정도 될 것이라고 추정한다. 그리고 그중에서 지구와 비슷한 행성이 있는 곳은 약 4분의 1에 이를 것이다. 그렇다면 우리 은하에서 생명체가 탄생할 조건을 갖춘 행성의 수는 수십억 개나 된다는 계산이 나온다. 만약 지능을 갖춘 생명체가 진화해 살고 있는 행성의 비율이 그런 행성 100만 개 가운데 1개라고 잡더라도, 우리 은하에서 기술이 충분히 발전한 문명이 수천 개나 존재한다는 계산이 나온다.

세계 최대의 전파 망원경이 있는 푸에르토리코의 아레시보 천문대에서는 세티(SETI, 외계 지능 생명체 탐사) 연구소의 과학자들이 우주에서 날아오는 전파 신호에 귀를 기울이고 있다. 만약 그런 신호가 잡힌다면, 그것은 틀림없이 기술이 아주 발달한 외계 문명이 보냈을 것이다. 아직까지 그런 신호는 잡힌 적이 없다. 세티앳홈(SETI@Home)이라는 프로그램을 사용하면, 일반 가정과 학교 컴퓨터로도 전파 망원경으로 수신한 데이터를 분석하는 데 도움을 줄 수 있는데, 전 세계에서 500만 명 이상이 기꺼이 이 프로그램에 참여했다. 2009년 7월, 세티의 세렌딥 프로젝트(SERENDIP 5.5 계획)는 더 넓은 범위에서 전파 신호를 탐색할 수 있도록 망원경의 하드웨어를 개선했다.

금성 표면은 너무 뜨거워서 우리가 아는 형태의 생명체가 살 수 없다. 하지만 지구의 상층 대기와 비슷한 곳에서 사는 생명체가 없을까?

외계 생명체는 어떤 모습일까?

외계 행성에는 어떤 종류의 생명체가 살고 있을까? 지구와 태양계와 우주에서 과거에 살았거나 현재 살고 있거나 미래에 살아갈 생명체를 연구하는 과학자를 우주 생물학자라고 한다. 우주 생물학자들은 일부 외계 행성은 생명체의 존재 가능성을 보여 주는 태양계의 행성이나 위성과 비슷할 것이라고 생각한다.

그중 일부 행성에는 우리가 아는 형태의 생명체가 살아가는 데 꼭 필요한 조건인 물이 있을지 모른다. 수십억 년 전에는 지구와 조건이 비슷했던 화성에는 지구처럼 지하의 뜨거운 온천이나 영구 동토층에 미생물이 살고 있을지 모른다. 말라붙은 골짜기나 호수, 강에는 화석이 남아 있을지도 모르는데, 그런 것이 발견된다면 과거 화성에서 어떤 생명체가 살았는지 알 수 있을 것이다. 과학자들은 목성의 위성인 유로파의 얼음 표면 아래에는 깊이 10km가 넘는 바다가 있다고 믿는데, 그 바닷속에 생명체가 살고 있을지 모른다. 과학자들은 토성의 위성인 엔켈라두스에서는 얼어붙은 표면의 틈 사이로 열과 증기와 작은 얼음 입자가 뿜어 나온다고 생각한다.

이보다 더 기묘한 서식지에서도 생명체가 살지 모른다. 너무 뜨겁고 건조해서 표면이나 지하에서 생명체가 살 수 없는 금성에서는 구름들 사이에서 세균이 살아갈지 모른다. 토성의 가장 큰 위성인 타이탄에는 액체 메탄과 에탄으로 가득 찬 거대한 호수들이 있다. 외계 생명체는 물 대신에 이런 액체 속에서 태어나 잘 살아갈지도 모른다.

한다. "우주 간섭계 미션은 지구에서 가까운 별들 주위에서 지구와 비슷한 행성을 찾으려고 하기 때문에 아주 흥미롭습니다. 그와 함께 다른 망원경들도 동원해 추가로 추적 작업을 하여 더 선명한 형상과 정보를 얻을 수 있을 것입니다. 이 별들은 다음 세기에 우리가 여행할지도 모르는 별들이지요."

케플러 미션과 우주 간섭계 미션은 지구형 행성 탐사기(TPF) 같은 장래의 더 정교한 우주 기계의 기초가 되는 역할도 한다. 지구형 행성 탐사기는 지구와 비슷한 행성을 탐지하고 사진을 찍도록 설계된 망원경들로 이루어질 것이다. 지구형 행성 탐사기의 간섭계는 그 행성의 대기를 분석할 것이다.

"지구형 행성 탐사기가 실현되려면 아직 멀었지만, 암석질 외계 행성의 속성과 생명체 거주 가능성을 알아내는 꿈의 기계가 될 겁니다. 40광년 떨어진 곳에 있으며, 산소 대기와 바다가 있는 행성은 외계 생명체가 존재하는 유력한 후보가 될 것입니다."라고 마시는 말했다.

우주에는 우리뿐일까?

우주에 생명체는 이곳 지구에만 존재할까? 철학자들과 과학자들은 수천 년 동안 이 질문을 던져 왔다. 이제 우리는 마침내 그 답을 알아낼 수 있는 지점에 도착했다.

"이제 우리는 중력과 전기와 물리학의 기본 법칙이 우주 모든 곳에서 똑같이 성립한다는 사실을 알고 있습니다. 생명체의 기본 구성 요소인 복잡한 유기 분자는 모든 곳에

마우나케아 산 정상에 있는 하와이 원주민의 제단인 쿠아후 렐레는 1999년 6월 21일에 하지를 기념해 설치한 것이다. 많은 하와이 원주민은 목제 제단 꼭대기에 올려놓은 호오쿠푸(제물)가 하늘로 올라가 신들에게 바쳐진다고 믿는다. 이 제단은 은금초라는 식물에 둘러싸인 곳에 설치되었다. 이 식물은 하와이 제도의 높은 산에서만 자란다.

있고, 물도 풍부하게 존재합니다. 생명체는 자연의 경이로 드러났지요."

한편, 과학자들은 생명체가 살 수 있는 세계를 찾기 위해 행성들과 위성들을 탐사할 우주 계획과 로봇 탐사선을 설계했다. 지금까지 발견된 외계 행성은 400개가 넘으며, 새로운 망원경들을 우주에 띄우면 더 많은 행성이 발견될 것이다.

"언젠가 우리 손자들은 로봇 탐사선을 보낼 것이고, 어쩌면 직접 지구와 비슷한 행성을 탐사할 것입니다. 우리와 대화를 나누고, 미술과 음악과 문학을 공유할 수 있는 외계 종족을 발견한다고 상상해 보세요. 그런 일이 일어나면, 인류가 하나로 단결하는 데 큰 도움이 될 것입니다."

마우나케아 산 정상에 위치한 켁 천문대 밖에서는 기묘한 모양의 그림자가 산 여기저기에 쌓인 용암 더미를 어둡게 물들인다. 그리고 밤하늘이 우리를 손짓해 부른다. 수성이 저 위에서 밝게 반짝인다. 반짝이는 수백 개의 별은 너무나도 크고 가깝게 보여서 마치 금방이라도 하늘에서 떨어질 것만 같다. 하늘에 닿기 위해 마우나케아 산 정상으로 올라갔던 고대 하와이 원주민처럼 마시와 다른 천문학자들은 우주의 신비를 풀기 위해 이 외딴 곳을 계속 찾아온다.

우리 은하 밖에는 수백억 개의 은하들이 있는데, 많은 은하가 수백억 개의 별과 행성을 포함한 거대 나선 은하 NGC 1232(위 사진)와 비슷하게 생겼다. 우주에 이렇게 많은 은하와 별과 행성이 존재한다는 것을 생각하면, 지구가 지능을 갖춘 생명체가 사는 유일한 곳이라는 주장에 의문을 품지 않을 수 없다.

용어 설명

가시 스펙트럼 사람의 눈으로 볼 수 있는 광선(가시광선)의 스펙트럼. 빛의 가시 스펙트럼은 파장이 400나노미터인 보라색 빛에서부터 파장이 700나노미터인 빨간색에 걸쳐 있다.

간섭계 빛의 간섭 현상을 이용하여 빛의 파장, 굴절률, 스펙트럼의 미세 구조 따위를 정밀하게 측정하는 관측기.

갈색 왜성 질량이 행성보다는 크지만 항성보다는 작고, 태양 같은 주계열성과 달리 수소 핵융합 반응이 일어나지 않는 작고 어두운 별. 갈색 왜성의 질량은 태양의 8% 미만이다.

광파 빛의 파동. 빛은 파동과 입자의 성질을 모두 지니고 있는데, 파동으로 보았을 때 빛을 이루는 파동을 광파라 한다.

광학 망원경 천체에서 방출되는 가시광선(빛)을 모아 초점을 맺음으로써 멀리 있는 물체를 크고 정확하게 보여 주는 장치.

도플러 분광법 별빛의 스펙트럼에 나타난 도플러 효과를 측정하는 방법.

도플러 효과 물체가 관찰자에게서 멀어지거나 관찰자를 향해 다가올 때 빛이나 음파의 진동수(파장)에 변화가 일어나는 현상.

DNA 디옥시리보핵산(deoxyribonucleic acid)의 준말. 세포핵 속에 들어 있는 유전 물질로, 생물이 성장하고 발달하는 데 필요한 모든 지시가 들어 있다.

미소 중력 렌즈 효과 중력 렌즈 효과는 아주 먼 천체에서 나온 빛이 중간에 있는 거대한 천체(은하 같은)에 의해 휘어져 보이는 현상을 말한다. 중간에 있는 천체가 보통 별일 경우, 중력 렌즈 효과가 아주 미소하게 나타나는데, 이것을 미소 중력 렌즈 효과라 부른다. 행성이 렌즈 효과를 일으키는 별 주위를 돌면 미소 중력 렌즈 효과에 작은 변화가 일어나는데, 이 때문에 나타나는 먼 별의 밝기 변화를 관측함으로써 렌즈 효과를 일으키는 별 주위의 행성을 발견할 수 있다.

밀도 질량을 부피로 나눈 값. 부피에 비해 질량이 많이 나갈수록 밀도가 더 크다. 물의 밀도는 $1g/cm^3$이고, 납은 밀도가 크고 솜은 밀도가 작다.

별 스스로 열과 빛을 만들어 내는 천체. 항성이라고도 한다.

분광기 빛을 포함한 전자기파를 파장에 따라 스펙트럼을 분석하여 그 세기와 파장을 측정하는 장치.

분자 어떤 물질의 화학적 형태와 성질을 잃지 않고 분리될 수 있는 가장 작은 입자. 보통 둘 이상의 원자가 결합해 만들어진다. 예를 들면, 물 분자를 H_2O라고 쓰는데, 수소 원자 2개와 산소 원자 1개가 결합한 것이다.

생명체 거주 가능 영역 별 주위에서 생명체가 살아가기에 적합한 조건을 갖춘 지역. 무엇보다도 액체 상태의 물이 존재할 수 있는 온도 조건이 중요하다.

소행성 태양계가 만들어질 때 태양이나 행성에 합쳐지지 못하고 남은 암석과 금속 덩어리. 대부분의 소행성은 화성과 목성 사이에 위치한 소행성대에서 태양 주위를 돈다.

스펙트럼 빛을 색 또는 파장의 순서대로 배열한 것. 천문학자들은 별의 스펙트럼을 분석함으로써 그 표면 온도와 조성을 알아낸다.

아미노산 생물의 몸을 구성하는 단백질의 기본 단위. 단백질은 기관을 만들거나 음식물을 소화하는 등 생명에 꼭 필요한 일들을 한다.

RNA DNA의 유전 지시를 세포로 전달하고, 단백질을 만드는 데 중요한 역할을 하는 핵산.

M 왜성 전체 별 중에서 그 수가 가장 많고 크기가 가장 작은 종류의 별. 적색 왜성이라고도 한다. 태양보다 훨씬 희미하게 빛난다.

온실 효과 대기가 열을 붙드는 효과 때문에 행성의 온도가 올라가는 현상. 지구에서는 대기 중의 이산화탄소를 포함한 온실 가스가 지구의 온도를 따뜻하게 유지한다.

외계 행성 태양계 밖에서 다른 별 주위를 도는 행성.

우리 은하 태양계가 속해 있는 거대한 막대 나선 은하. 밤하늘에 보이는 은하수가 바로 우리 은하이다.

우주 생물학자 지구와 태양계와 우주에서 과거에 살았거나 현재 살고 있거나 미래에 살아갈 생명체를 연구하는 과학자.

원소 모든 물질을 구성하는 기본 요소로, 한 종류의 원자로만 이루어진 것을 말한다.

원시 행성 원반 새로 태어난 별 주위에서 먼지와 가스가 납작한 원반 모양을 이루어 빙빙 도는 것. 이 먼지와 가스에서 행성이 태어난다.

원자 화학적 방법으로는 더 이상 쪼갤 수 없는, 물질의 가장 작은 기본 단위 입자. 원자는 원자핵과 그 주위를 도는 전자로 이루어져 있다. 원자핵은 또 양성자와 중성자로 이루어져 있는데, 가장 가벼운 수소는 원자핵이 양성자 1개로만 이루어져 있다.

위성 행성의 중력에 붙들려 그 주위를 도는 천체. 사람이 쏘아 올려 행성이나 위성의 주위를 도는 탐사선은 인공위성이라 부른다.

유기 분자 탄소를 포함한 긴 사슬 구조의 분자에 수소나 산소 같은 다른 원자들이 화학적으로 결합한 것. 유기 분자는 살아 있는 생물에서 발견되며, 지구에서 생명체가 탄생하는 데 꼭 필요한 성분이었다.

은하 수많은 별이 먼지와 가스 구름, 암흑 물질과 함께 중력으로 붙들려 있는 거대한 집단.

전파 빛보다 파장이 훨씬 긴 전자기파. 그래서 우리 눈에는 보이지 않는다.

전파 망원경 별이나 다른 천체에서 나오는 전파를 관측하는 망원경.

중력 질량을 가진 물질들 사이에 서로 당기는 힘. 별은 가까이 있는 행성의 중력에 끌리는 힘을 받기 때문에 흔들리는 움직임을 나타낸다.

질량 어떤 물체 속에 들어 있는 물질의 양. 곧 그 속에 들어 있는 원자의 양과 같다. 중력은 질량에서 나오기 때문에, 질량이 큰 물체일수록 중력도 더 크다.

천체 측정법 하늘에서 별이 좌우로 흔들리는 움직임을 관측함으로써 행성을 찾는 방법.

코로나 그래프 망원경에 부착하는 별빛 차단 장비. 외계 행성처럼 별 가까이에 있는 희미한 천체를 드러나게 해 준다.

태양 플레어 태양이나 별을 둘러싼 대기에서 갑자기 가스 물질이 폭발하면서 섬광을 내뿜는 현상.

펄서 빠르게 회전하면서 전파나 엑스선을 내보내는 중성자별. 중성자별은 생애를 마친 별이 폭발하고 난 뒤 남은 물질이 빽빽하게 뭉쳐져서 만들어진다.

픽셀 디지털 화면의 단위로, 표현할 수 있는 가장 작은 점 하나를 말한다. 화소라고도 하며, 픽셀들이 결합해 컴퓨터나 디지털카메라, 텔레비전 같은 비디오 화면에 형상을 만들어 낸다.

항성면 통과 별 주위를 도는 행성이 별 앞을 지나가면서 별빛이 주기적으로 약간 희미해지는 현상. 이 방법으로 외계 행성을 발견할 수 있다.

핵 응축 새로 태어난 별 주위를 빙빙 도는 가스와 먼지 입자들이 충돌하여 점점 커지면서 주위의 물질을 끌어당겨 결국 암석질 행성의 핵을 만드는 과정.

핵산 DNA와 RNA를 이루는 유기 분자.

행성 중심 별 주위의 궤도를 돌면서 상당한 크기를 가진 구형의 천체. 행성은 스스로 빛을 내지 않고 별빛을 반사해서 빛난다. 지구는 태양 주위를 도는 행성이다.

행성계 별 주위의 궤도를 도는 행성, 위성, 혜성, 기타 천체를 통틀어 부르는 말. 지구와 그 행성계를 태양계라 부른다.

혜성 태양 주위를 돌며, 태양에 가까이 접근하면 물질이 증발하여 기체로 변하면서 길게 꼬리를 끄는 천체. 혜성의 핵은 불규칙한 모양이며, 주로 얼음과 먼지로 이루어져 있다.

찾아보기

가시 스펙트럼 20
갈색 왜성 31
거둔고자리 알파 10
게자리 55번 별 9, 10, 26, 28, 34~35
게자리 55 행성계 34~35
고대 천문학자 10
고해상도 에셀 분광기(HIRES) 23, 31, 35
광파 20~21
구상 성단 24
굴절 20
글리제 436과 글리제 436 b 9, 35
글리제 581과 글리제 581 e 36
글리제 876과 글리제 876 d 9, 35
금성 9, 42
기체 행성 30, 34~36
닐 암스트롱 14
달 26
대기 26, 37, 42~43
도플러 분광기 8, 20~23, 35
도플러 분광법 9, 25
도플러 이동 20~24, 29, 31, 33
도플러 효과 20~21
드레이크 방정식 41
DNA 27
렌즈 별 25
릭 천문대 8, 29, 31
마우나케아 산 5~6, 9, 11, 43, 44
목성 11, 29~32, 34~35, 42
목성만 한 행성 9, 11, 18, 30~31, 33, 35~36
미소 중력 렌즈 효과 25
밀도 9, 35~36
백조자리 40

베가 10
VB 10 b 25
삼엽충 27
생명체 거주 가능 영역 26~27, 33~35
세티 연구소 41
세티앳홈 41
소행성 34
수성 27, 31
수소 35
스펙트럼 20~23, 31, 33, 37
스펙트럼 패턴 21
스피처 우주 망원경 37
CCD 23
쐐기 문자 점토판 10
아미노산 27
아레시보 천문대 41
안드로메다자리 입실론 별 9, 34
안드로메다자리 입실론 행성계 9, 34
RNA 27
암석질 행성 8~9, 11, 34~37
엔켈라두스 42
NGC 1232 44
M 왜성 24, 26~27, 36
MOA-2007-BLG-192L b 25
오스트랄로피테신 14~15
온실 효과 26
요오드 8, 21~23
우리 은하 9, 24, 36, 41, 44
우주 간섭계 미션(SIM) 25, 40, 43
우주 생물학자 42
유기 분자 27
원시 행성 원반 30

위성 33~35, 42

유로파 42

음파 20

적색 이동 21~22

적외선 분광 사진기 37

제단자리 24

지구형 행성 탐사기(TPF) 43

처녀자리 70번 별과 처녀자리 70 b 33

천체 측정법 25

청색 이동 21~22

케플러 망원경 40

케플러 미션 40, 43

켁 만원경 6~7, 9, 11, 39~40

켁 천문대 6~9, 11, 19, 23, 31, 35, 39, 44

켄타우루스자리 A와 B 9

코로나 그래프 38

CoRoT-7 b 36

CoKu Tau 4, 17

쿠아후 렐레 43

크리스티안 도플러 20

큰곰자리 47번 별과 큰곰자리 47 b 33

타이탄 42

태양 플레어 24

토성 9, 13, 17, 31, 42

파르네세 아틀라스 10

펄서 31

페가수스자리 51번 별과 페가수스자리 51 b 31~33

포말하우트 39

폴리아후 11

프리즘 20

픽셀 31

항성면 통과 25~26, 35, 40

항성풍 37

해왕성 35

핵산 27

핵 응축 30

행성의 탄생 30

허블 우주 망원경 37, 39

HD 209458 37

헬륨 35

화성 27, 42

황소자리 17

흡수선(암선) 21

히파르코스 10